閱上雲端

從高雄到全球的線上讀書會

上：讀書會團隊與證嚴法師溫馨座談前，於高雄靜思堂三樓木棧區「傳功夫、搏感情」，並手持電子書合影。（2015.12.03 蔡緗羚 攝）

下：來自跨區跨國的讀書會團隊至靜思精舍尋根，並響應「大愛心相印 真情膚震殤」國際賑災。（2018.10.06 周幸弘 攝）

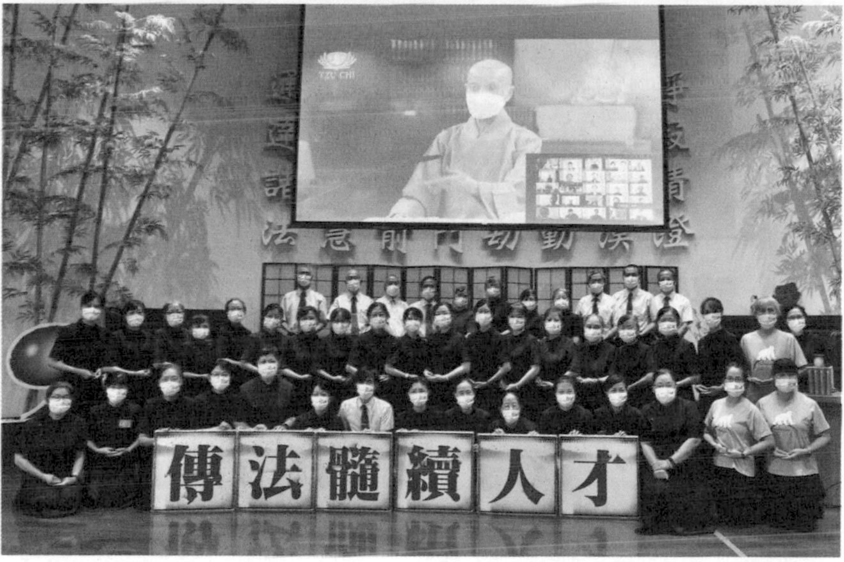

上：讀書會團隊返回精舍，以「科技推素 素素有望」為主題，與證嚴法師分享眾人推素的用心與努力。（2020.10.17 周幸弘 攝）

下：因疫情限制，僅七人返回精舍參與溫馨座談，其餘在高雄連線，透過雲端與證嚴法師合影，心同在一起。（2022.05.27 周幸弘 攝）

上：早期讀書會，以排排坐方式，週週座無虛席，除了高雄當地，更有來自中南部以及海外的書友參與。（2015.02.11 郭瓔慧 攝）

下：十年前，帶領讀書會的呂美雲，在團隊協力下，開始運用陽春的設備，與花蓮本會和大陸崑山聯絡處連線。（2013.03.27 李瓊琦 攝）

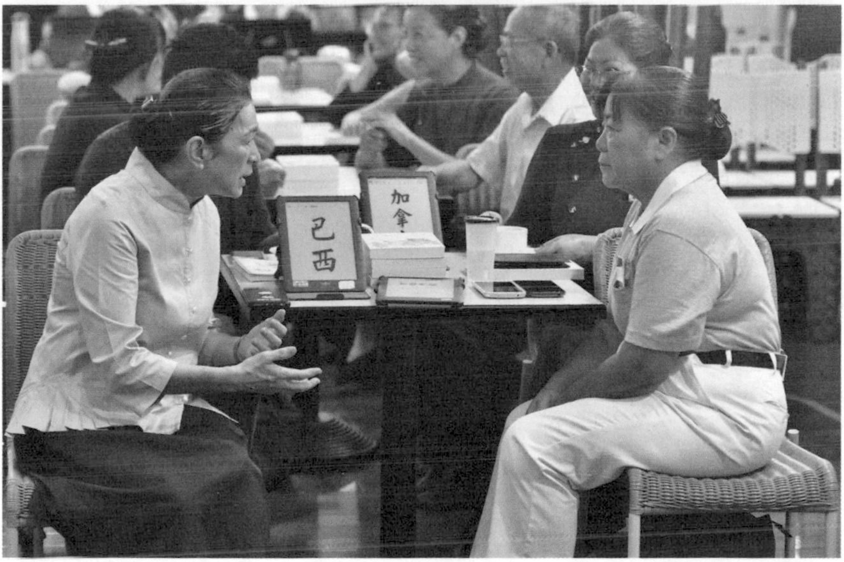

上：「季心登場 能量昂揚」單元，邀請罹患罕見疾病馬凡氏症患者謝燕萍分享，她勇敢面對疾病的態度，激勵了許多人。（2018.10.24 梁永志 攝）

下：「兩位家人面對面 多講多說就來電」曾是開場單元，巴西團隊劉如珠（左），只要回臺，就從臺南來參加。（2020.07.17 黃雪芳 攝）

上：高雄人醫會洪宏典醫師分享「守護健康 e 點靈」單元首場，至今人醫會共分享一百八十三場。（2015.03.04 李瓊琦 攝）

下：臺中慈濟醫院簡守信院長與斗六慈濟醫院簡瑞騰院長分享醫療知識，風趣談吐，現場笑聲不斷。（2020.07.01 周幸弘 攝）

上：慈濟大學醫學系畢業的嘉義慈濟診所負責人蔡任弼醫師，分享「守護人體的『腎』利方程式」。（2022.08.10 郭瓔慧 攝）

下：「勤耕福田主題月」單元，高雄區醫療志工以「志工筆記 多做多得」，分享在醫院服務的收穫。（2022.09.21 梁永志 攝）

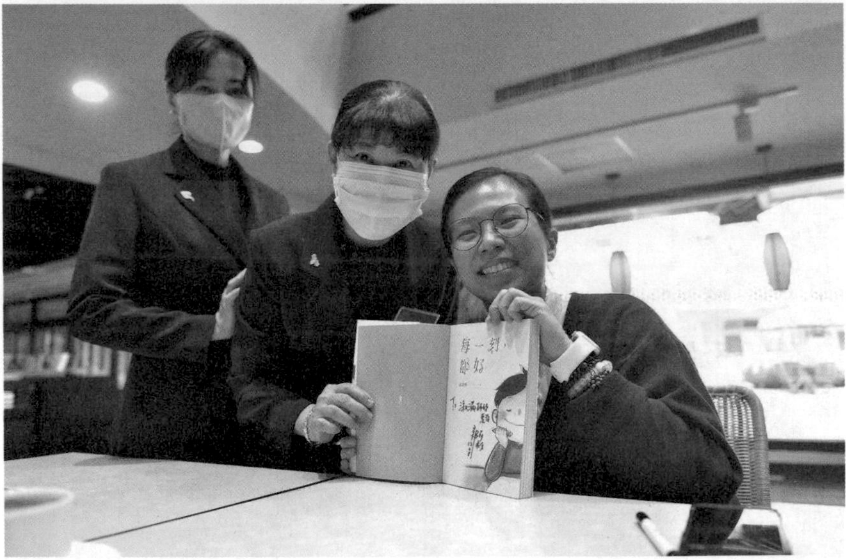

上：唐美雲分享新書《人生的身段：堅毅慈心唐美雲》，實業家蔡薛美雲前來助緣，形成「我是美雲」排排站的有趣畫面。（2019.11.06 周幸弘 攝）

下：慈濟基金會編纂處凌宛琪分享著作《每一刻，都好》，她曾為讀書會三周年創作專屬logo。（2021.12.08黃雪芳 攝）

花蓮慈濟醫院林欣榮院長分享新書《能醒．能走：林欣榮教授的腦醫學救命筆記》，受到書友們的熱情回饋。（2021.01.20 周幸弘 攝）

上：大愛劇場《天下第一招》製作人和演員楊貴媚、本尊楊吳招等人，連袂前來，戲說人生。（2022.07.13 周幸弘 攝）

下：工作團隊穿上越南傳統服飾，並以越南舞蹈歡迎，介紹大愛劇場《飄洋過海來愛你》的本尊與演員。（2021.03.24 梁永志 攝）

上：人文志業李欣元導演介紹高僧傳AR大展，還有「臺南跨區團隊」和「教聯教育現場」的分享，讓當天現場熱鬧滾滾。（2018.08.15 周幸弘 攝）

下：大愛劇場《你好，我是誰？》本尊曹汶龍以「醫起把愛找回來」為題分享，高雄區長照班特來相挺。（2019.03.20 梁永志 攝）

上：慈濟慈善事業基金會顏博文執行長與宗教處隨師同仁，分享最新的慈善訊息與國際援助實況。（2017.07.13 李瓊琦 攝）

下：德侃師父、黃思浩（左二）、陳阿桃（左六）、美國慈青楊凱丞（右一）母子受邀分享所見所聞所思。（2015.12.03 周幸弘 攝）

慈濟基金會編纂處洪靜原主任分享「法脈宗門探源」，美國慈青楊凱丞分享「隨師心聞」。（2018.06.27 周幸弘 攝）

海外家人 親臨主場

上：證嚴法師行腳高雄期間，隨師的海外慈濟人得以親臨讀書會主場，感受讀書「趣」的歡樂氛圍。（2014.12.18 周幸弘 攝）

中：有心就不難，約旦陳秋華（第三排中）蒞臨，分享在約旦如何挑戰時差，連線參與讀書會。（2015.01.07 周幸弘 攝）

下：傅迪諾、蔡岱霖和女兒小珍珠一家人蒞臨分享，並將蔬果頭套帶回莫三比克，作為推素之用。（2017.01.11周惠敏 攝）

上：多國慈濟志工以「我們在回家的路上」為主題，分享前往波蘭關懷烏克蘭難民的生活狀況。（2021.03.16 周幸弘 攝）

中：土耳其胡光中、周如意、余自成以舞獅方式突然現身，因為全程保密，精心策畫，為現場帶來不少歡樂。（2019.01.30 周幸弘 攝）

下：澳洲安琪拉修女和前高雄縣長楊秋興等多位海內外嘉賓蒞臨，並為安琪拉修女獻上九十二歲生日驚喜。（2017.07.12 周幸弘 攝）

上：慈濟高雄兒童合唱團自二〇一六年七月開始，年年暑假來獻唱，並分享慈濟人文對他們的影響。（2016.07.06 郭瓔慧 攝）

下：高雄三民區志工透過戲劇「歡喜吉祥 覺有情」，逗趣演出，讓書友認識七月吉祥月的正知正見。（2014.08.20 周惠敏 攝）

臺中大甲團隊不僅在分享中展現好能量，還帶來客家花布裝飾的斗笠，與現場書友們結緣。（2016.05.18 周幸弘 攝）

上：臺南「萬歲合唱團」是由環保老菩薩所組成，成員們精神抖擻，展現悠活慢老形態，唱出幸福。（2017.07.13 郭瓔慧 攝）

下：慈濟高雄外語隊以布袋戲的活潑有趣方式，邀約大家一起「茹素愛地球呷菜尚介讚」。（2017.01.11 周幸弘 攝）

哈維颶風造成美國德州休士頓多處災情，讀書會發起「虔誠禱祝 善念共振」，書友們熱烈捐款響應。（2017.09.09 郭瓔慧 攝）

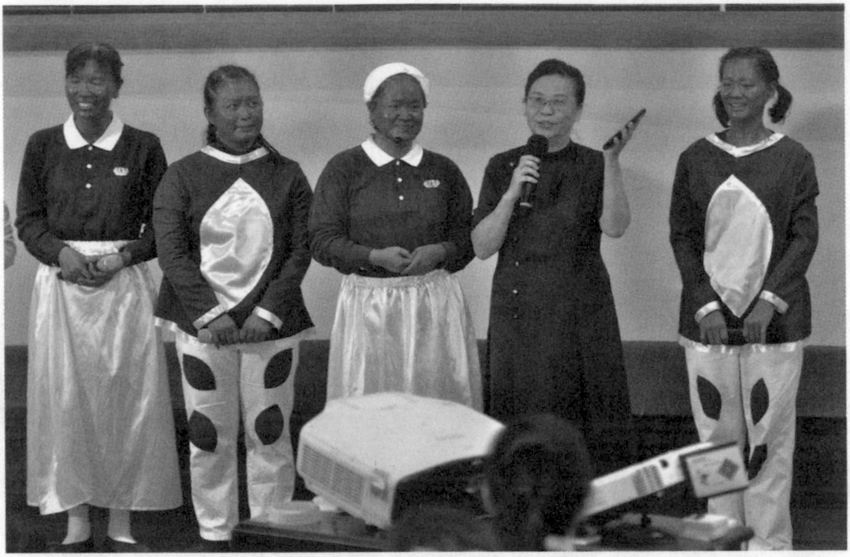

上：高雄岡山團隊以非洲本土志工精進學習與付出為主題，粉墨登場，現場歡笑聲不斷。（2017.10.11 梁永志 攝）

下：「光輝十月 溫情展演」，乃因應雙十國慶，特別推出一週一戲劇，透過土地公婆等人精彩對白，導引「推素」正知正念。（2020.10.02 周幸弘 攝）

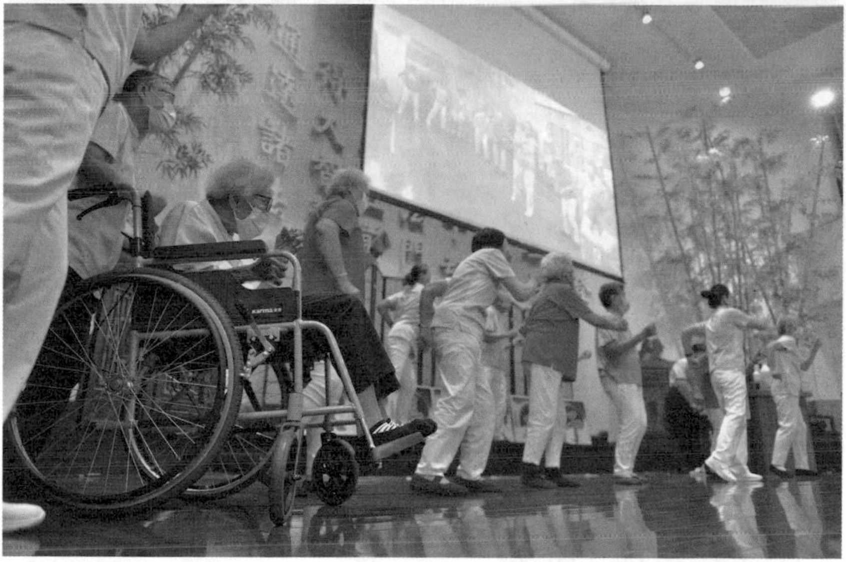

上：「活絡筋骨 健康身心」由兩組活動團隊熱情帶動，並佐以「很愛演」小劇場方式呈現。（2022.08.31 黃雪芳 攝）

下：高雄靜思堂長照班長者從二〇一九年二月二十七日開始參與讀書會共讀，不時受邀上臺演出。（2022.09.14 黃雪芳 攝）

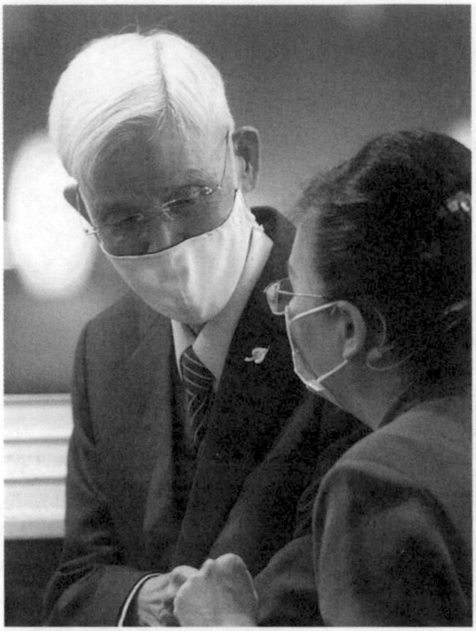

上右：美國志工張慈今感受讀書會的正能量，進而促成高雄線上讀書會「順口溜團隊」的成立。（2017.04.26 周惠敏 攝）

上左：高雄合心大家長杜俊元於疫情期間，特地前來表達關懷並肯定鼓勵團隊，「科技接軌 力量加乘」。（2020.03.25 周幸弘 攝）

下：即時PO團隊掌握全場流程，運籌帷幄，使用一個Telegram、七個微信和十八個Line的讀書會群組，做實況報導。（2018.02.07黃雪芳 攝）

上：證嚴法師行腳期間，讀書會不定期加場，安排隨師眾晚上分享，導播團隊陳亞琪、蔡孟勳、楊秀春聚精會神抓取畫面。（2020.07.18 周幸弘 攝）

下：花蓮本會資訊處同仁長期指導讀書會直播團隊的運作，到訪當天，姜明瑞負責說明口譯團隊的執行狀況。（2022.09.28 周幸弘 攝）

講師文宣最早的文編由呂美雲承擔，美編由林蕙榆負責，至今文編、美編跨區跨國團隊共三十二人。(此系列海報文編 呂美雲/美編 林蕙榆)

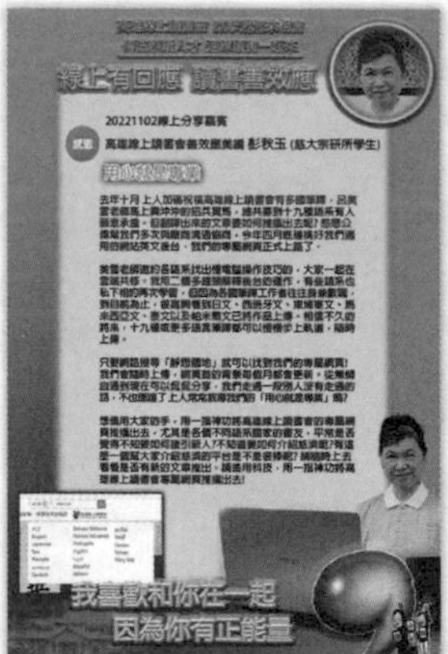

二〇一八年四月開始善效應系列，最初由林蕙榆進行美編，爾後彭秋玉、洪于婷以及大陸團隊加入輪替，至今已累計近九十萬字。

上：大成不鏽鋼公司創辦人謝榮坤前來分享，時值疫情嚴峻，主場移至大型國際會議廳進行。（2021.09.08周幸弘 攝）

下：臺灣疫情嚴峻，團隊處變不驚，立即應變，隔日改到可容納六百多人的國議廳直播，且僅有幾位工作人員在現場。（2021.09.08周幸弘 攝）

慶祝周年

上：讀書會二周年，方師傅麵包坊以淨斯穀粉設計電子書造型的蛋糕，來呼應「好好用電子書 電子書就會好好用」。（2015.03.16 周惠敏 攝）

下：讀書會六周年，跨區導讀團隊再次齊聚，雲林李玉如等人以「六度萬行願力行」主題，拍照呼應展現熱情。（2019.03.13 梁永志 攝）

讀書會三周年，跨區工作團隊齊聚高雄，方師傅麵包坊以「連線讀書環繞全球」的概念，設計主題蛋糕。（2016.03.17 上/蔡緗羚　下/周幸弘）

讀書會八周年，團隊成員姚蒔菁、介文清夫婦，特地遠從美國前來高雄分享。書友們響應募心募愛。（2021.03.17 上/蔡緗羚 下/周幸弘）

讀書會九周年，活動團隊以廚師造型推素暖場，高雄大愛幼兒園以「久久長長願力行」展演，博得滿堂彩。（2022.03.16 上/周惠敏 下/周幸弘）

上：大愛臺「小人物大英雄」節目導演張晃維以「導讀・悅讀・啟動」為題，製作節目介紹。（2018.02.07 蔡緗羚 攝）

下：荷蘭公共電視臺製作人Babeth Maria Vanloo前來拍攝以科技傳法的高雄線上讀書會進行方式。（2015.01.01 周惠敏 攝）

呂美雲帶領讀書會團隊，至板橋靜思堂海外營隊分享「傳法髓 續人才」、「棒棒是強棒」，並與海外書友相見歡。（2016.11.10 蔡緗羚 攝）

目錄

推薦序

代序

推薦序

傳法髓 續人才

釋證嚴

二〇二二年，美雲自教職退休，無縫接軌，立即開啟高雄線上讀書會。她對法的精進，像一團永不熄滅的火種，在雲端立時召喚無數求法若渴的善知識。大家有志一同，在法中精進，也在法中傳遞慈濟之愛。

天下知音難尋，喜見美雲所開啟的善效應，不只在高雄，甚至外溢到全臺各個縣市鄉鎮。感恩身處今日資訊發達的時代，法雨普潤不只臺灣東部一隅而已，線上即時翻譯中、英、日、粵、客、馬來語，透過雲端，一法遍及三千界；全球各地的慈濟菩薩只要準時打開電腦，師父就現身到每個家庭，親自為大家說法。

美雲別具慧眼，為了遍灑法雨，樂於傳功夫、搏感情，留心發掘人才，冀能無縫接軌。

以美雲為首的「說法、傳法」團隊，展現不可思議的統籌和規畫能力，五百位團員跨國跨區分屬數十個功能團隊，每週三的主場就有五十至六十位志工共同承擔三小時，分別邀請來自教育、醫療、慈善、人文四大志業的分享者，敘述日不落的慈濟生命故事，每週透過五至十種語言同步口譯，強力向世界傳遞。

二〇〇九年七月下旬，為師開始升座講演《靜思法髓妙蓮華》，師徒在雲端相會，共同探討法華菩薩道的妙諦。

虛空不動，法是妙有；為師安坐在主堂說法，每天視訊連線聽法的有十七個國家，超過五千九百條線，感覺自己很有福，福在有「緣」；看到人世間的苦難，我們做到佛陀所教法，精進行在菩薩道上。

很感恩美雲的團隊「遍地開花讀書會」空中菩薩雲集，翻轉人生，轉凡為聖，珍惜師徒有緣，感恩弟子以聞法、傳法來供養。

很感恩美雲這一念心啟動了，將這條線拉長、擴大了，一粒源頭的種子，可生無量數的菩提種子，粒粒種子延生，人間遍滿了菩薩有情的菩提林。

感覺此生無憾了，來到人間，與這群菩薩有這樣的因緣，就是導向人間覺悟的菩薩道。

（本文作者為佛教慈濟基金會創辦人）

推薦序

雲中探索無量義

林碧玉

美雲老師來訊，週三讀書會要出書，希望我能寫序，我答以腦筋一片空白，說了之後很悔，為什麼呢？因為週三讀書會菩薩群們，個個用心施展十八般武藝，分秒不離承師志傳法髓，身為靜思弟子的我，豈可置身事外不盡力？豈可一句腦中空白帶過？加之美雲老師一再催促，因此未提筆，卻成為時時纏繞內心、最最懸念的牽掛。

思及週週週三精采絕倫，才疏學淺的我，何德何能呢？因之，寫序不敢當，但寫一篇感想文字，以示我對所有參與者的尊敬、感佩、感恩與感動，則是我非常想做，也是我分內的事。

於是乎，乘著今天搭機飛泰國空中，心與雲交會，想起此次任務艱難，而週三讀書會週週絞盡腦汁，就是為續佛慧命而為之，更加覺得非寫不可。

憶起二〇一九年七月十日隨師到高雄，第一次身臨其境，參與現場讀書會，整個空間流串著一股暖流，好似一陣陣和風，從無邊空間傳來，虛與實之間，流暢著只有愛、舊聞、新知。置身其中，宛如進入無染兜率淨地外，更加將閑靜化為活潑，在虛與實之間串連，真如我在〈雲中客〉歌詞中所描述，令人激賞。

因美雲老師邀約心得，才思考為讀書會寫這首歌——

最愛週三讀書會
字字珠璣順口溜
滿堂喝彩傳雲霄
真空不見雲中客
妙有真有菩薩身

好話是唯一法門
現場歡樂又淚奔
若非隱形菩薩群
個個精進刻法印
怎有虛空遍法身
靜思法髓奧妙傳
得來慧命無止盡

感佩美雲老師做到了，實踐「天下真沒有白吃的午餐」的精髓，我無怨且歡喜，因為上一次節目寫一首詞，真真賺到了滿滿法喜。

轉眼三年時光，因證嚴上人輕輕一句點醒，週三讀書會更加精進，從只有一國語言，化身成為名符其實多國語言的國際平臺，而更多翻譯菩薩的參與，讓此宛如天空學院的平臺，更加多元與厚實，只不知在雲深處，菩薩群們是否更知心相契，才不會辜負大家的用心。

無限感恩週三讀書會團隊，我在這裏向菩薩們致敬，無論工作團隊，或是參與在其中的每一位，都是慈濟的學法者、傳法者，我們相聚在法海中，此殊勝因緣如同《無量義經偈頌》所示：「非因非緣非自他，非方非圓非短長。」

若雲中客是真空，似乎該有妙有應合，不由哼唱：

雲中探索無量義
天文地理越寰宇
十方菩薩雲來集
樂樂分享生命力
正知正見傳新奇
節節驚豔又驚喜
包羅萬象難數計
聽

宇宙黑洞充滿神祕
天空
多少星系令人好奇
地球
何年何月開始美麗
人
體內
無數生命相存相依
萬物
三理四相無常演義
週週
慈濟宗門新知次第
慈善

拔除苦難塑貧中富
醫療
生老病死屢創新奇
教育
品德科技厚植希望
人文
社會次序帶來陽光
環保
地球永續就在這裏
骨髓
透徹見證基因輪迴
國際
慈悲平等無有藩籬

社區
里仁之美全齡咸宜
慈濟慈濟
大愛不離福慧園地
淨斯靜思
隨手拈來法香滿溢
週三週三
全人全齡學習不息

也因週週分享慈濟宗門新知次第，無論天災人禍或宗門脈動，均能即時讓廣大菩薩群知曉，行動得以及時化。

近日，土耳其遭百年不遇大地震，令人心碎，感恩菩薩群們提供即時接引橋梁，讓愛能及時匯集，讓愛能及時傳遞，讓助人善念付出不留白。

因之，週三讀書會怎會讓我不愛呢？感恩週三讀書會勤耕福田十年，值此十周年慶彙整點滴歷史之際，真誠獻上無數祝福，深深祈求無數十年的週三，均能循環不止傳美善，讓人人都是最愛週三讀書會，則上人淨化人心大願，一定能實現在人間！

（本文作者為慈濟基金會副總執行長）

推薦序

虛空傳法 雲端求道

王本榮

在微小奈米級新冠病毒「寄生上流」，令「萬物之靈」的人類從封口、封城到封國的「完封」，提醒人類必須明白自己的局限與脆弱，對生命要更尊重，對天地要更謙卑，對自然要更敬畏。證嚴上人不斷教導我們要「大哉教育」、「轉識為智」：「大時代需明大是非，大劫難需養大慈悲，大無明需要大智慧，大瘟疫需要大懺悔。」

呂美雲老師團隊承接使命，以「憶念勝」、「梵行勝」、「勤勇勝」，三事勝諸天的大無畏精神，展開「天空傳法」、「聲聞四海」的線上讀書會。我有幸受邀，三次分享主題分別是「靜思法脈勤行道，慈濟宗門人間路」、「從小我、大我到無我：慈濟人的生命觀」、「素說心語，三二分明」，得到很多回響，有無限的感動，更有無比的撼動。

美雲老師如滾滾潮水、滔滔不絕，無間「道」的熱情主持、串連、帶動，五百位功能團隊全力配合、搜尋資料、設計製作、聯絡接送，無縫接力線上傳法慈濟人間道，每週三小時，十年如一日，沒有「週」轉不靈，令人敬佩讚歎。

從「量子力學」角度，高雄靜思堂如原子核，電子以每秒上千公尺速度，如雲霧般繞著原子核旋轉，沒有明顯界線，猶如「電子雲」。當我們觀測電子時，會集中於一點，呈現「粒子」狀態；未觀測時，則會以「波」的形式，擴張於空間之中。全球慈濟人便能隨時隨處結祥雲，諸佛海會悉遙聞。

常不輕菩薩禮敬眾生為「未來佛」，印順導師也以「靜思十方諸佛，諦了一切唯心」勉勵慈濟人。「虛妄唯識」是認識「緣起」的表相，「性空唯名」是體知「性空」的空相，「真常唯心」是徹悟「緣起性空」的實相。從線上讀書會精彩內涵，精實呈現的視聽法門，我們可以學習「觀空觀有觀自在，見仁見智見如來」的法脈宗門精神。

最後，容我以「虛空傳法天外寺，雲端求道心內佛」，禮讚法輪常轉的「電子雲」團隊功德無量。讀你千遍也不厭倦，讀你的感覺像春天。「十年一覺高雄夢，萬里共讀得法益」，高雄線上讀書會十年有成，集結出版專書，樂為之序，敬為之賀。

（本文作者為慈濟教育志業執行長）

推薦序

遇見韋瓦第的四季

簡守信

靜思精舍是所有慈濟人的心靈故鄉，而海內外慈濟人能量包的集散地，高雄呂美雲老師主持的線上讀書會，肯定也是大家心目中的首選之一。

如果要用一首曲子來形容高雄線上讀書會，我想韋瓦第的〈四季〉可能是蠻適合的。春、夏、秋、冬，四個樂章中的「冬」，則是我心中對美雲老師團隊這分用心耕耘最好的代表旋律。

這個「冬」不是凜冽無情，寒風肆虐的無情天地，而是冬雪中一家人聚集在火爐旁，訴說著這一段時間以來的波折、困難以及攜手向前的記憶沈澱。這樣的笑聲、眼淚，讓家人、朋友之間的關係重新串連，一起讓無情荒地成為有情天。

美雲老師的團隊就是那寒冬中的火爐，讓大家圍繞在一起，分享著慈濟世界的種種，而碰撞出的火花，更透過無遠弗屆的網路串連，感動了許多冰封的心靈。

每個月，我都會跟隨著慈濟志工的腳步，一方面關懷法親，一方面看看那些在長街陋巷中，因貧因病而被社會遺忘的角落。每每走到那連導航都找不到的土角厝，看到那一個個因為沒辦法到醫院就醫而潰爛流膿的傷口，就會對志工深耕社區有了更高的敬意。

他們與案主的親切互動，對小朋友的用心呵護，對曲折蜿蜒地理位置的了若指掌，再再都顯示出冬陽般的溫暖。傷口的處理和安排就醫看診，是往診關懷的序曲。而在醫院、在診間，再次看到志工陪伴的身影，是永遠不變的主旋律。

一個個傷口慢慢地癒合了，健保在慈濟的幫忙下又可以使用了，社會資源在多方奔走下，也讓捉襟見肘的窘況有了改善。更開心的是，有了可以傾訴對象，有了可以倚靠的肩膀，讓他們陰霾的臉龐，有了嘴角上揚的曲線。

高雄線上讀書會就是讓這樣的故事，成為感動你我的溫馨平臺，再加上對證嚴上人的法的導讀體會，追根溯源。讓故事成為法，讓平臺成為立體琉璃同心圓，讓愛與關懷可以生生不息。

祈願高雄線上讀書會，就像韋瓦第的四季一樣，不但可以感動人心，更可以傳唱永遠。

（本文作者為臺中慈濟醫院院長）

推薦序

讀書入心 說法傳法

洪靜原

傳說倉頡造字，「天雨粟，鬼夜哭」。文字的出現，是「驚天動地」的大事！從此，「造化不能藏其密，靈怪不能遁其形。」從此，過往事蹟記載成歷史，透過閱讀深究，皆可解密知其然。

但是，人類喝了太多孟婆湯，沈溺淹沒於忘川水，隔世之謎成無明？貪、瞋、癡、慢、疑，凝結於心；嫉妒、羨慕、恨，表現於外；強凌弱、眾暴寡，史書記載盡是血淚。

「人天長夜，宇宙黮暗，誰啟以光明？三界火宅，眾苦煎迫，誰濟以安寧？」是佛陀。現相人間的悉達多太子，出家、修行、成道。讓我們找到「真正皈依處」，得以「盡形壽，獻生命，信受勤奉行！」

覺有情者，總是大慈大悲，一再叮嚀、一再設教。法華經裏，長者見火四起，於門外設羊車、鹿車、大白牛車，欲誘諸子出火宅。兩千五百多年後，地、水、火、風四大不調，全球災難輪番上演。驚世的災難，昭昭朗朗，為什麼人類不能有警世的覺悟？

證嚴上人回憶：「我小時候躲空襲時，常聽到一些人埋怨觀音媽、媽祖婆不靈驗，怎麼不把炸彈引到海裏去？」一位老阿公說：「不是觀音媽不靈驗，是人、眾生不聽觀音媽、佛祖的話。造業太重了，才會有這麼多的災難、戰爭。」觀世音菩薩以慈眼視眾生，尋聲救苦，隨處現形，多忙碌啊！

還有地藏王菩薩發願：「地獄不空，誓不成佛；眾生度盡，方證菩提。」多麼辛苦啊！難道我們只能坐等無視，徒然空談？不。上人說：「不要認為觀世音菩薩是遙遠的；你、我、他，現在的這分愛心與慈悲，就是立地此時的觀世音菩薩。」

高雄線上讀書會突破時空的藩籬，為「法」用心，凝聚起幾十國的人間菩薩。如佛門早晚課誦的〈三皈依〉所說，「深入經藏，智慧如海。」說力行菩薩道、說傳承法髓，說一切諦理，就是不說「廢話」。真正做到說法、傳法、行法。

他們從未想過，要為自己留下記錄；只是上人的一句叮嚀，便拳拳服膺、整理彙編。讓「熱鬧非凡、人才濟濟」的運作歷程，得以解密，得以追隨。這個讀書會是有機的，她還在流動；流動的長河，將成為不可思議的歷史。

（本文作者為慈濟基金會編纂處主任）

代序

心在交流 法在傳遞

呂美雲

當證嚴上人給予高雄線上讀書會祝福、希望團隊寫出一本類似留史這樣的書時，我的心裏是惶恐的。我們一直都謹遵上人的期望——好好傳、傳好法，從沒想過有什麼成就值得書寫下來。

當下，我想到的是讀書會已經有近九十萬字的善效應（每一次讀書會後，書友的心得與回饋），把這九十萬字拿出來修一修就是一本書，不怕字數不夠，而是要研究怎麼刪減與分類。

原來我想得太容易，也太不容易了。高雄線上讀書會的歷史，無法用九十萬字的善效應，還原出形體來，而這本書的形成，也不需要執著於由善效應熔鑄出來。

要成就一件好的雕刻藝術品，雕刻藝術家先要選一塊天然未雕飾的材料，構思立意後，大塊大塊地去掉確定不需要的部分，再慢慢雕刻出形態，接著還要打磨修光，甚至需要在缺失處補土再美容，甚是費心費力。

高雄線上讀書會這本書的製作過程，也與雕刻作品有異曲同工之妙，歷經了幾次的團隊會議後，去蕪存菁，把整本書的架構大抵確定，然後進入內容書寫、校稿、美編等步驟，直到完成。

因為我是讀書會的元老，也是統籌協調各次團隊的人，所以關於高雄線上讀書會的事，我最清楚。主編團隊（呂錦淑、許愷玹、楊慧盈）在討論書的架構時，問了我很多讀書會從一開始成立到現在的問題，我一邊回憶、一邊回答，常常在提到某件過往的事或某位書友時，觸動情緒。

有時，我開心地跟大家眉飛色舞地分享，當時那怎麼樣又怎麼樣的好因緣、有成果，或得菩薩庇佑度過難關；有時，我又忍著欲滴落的淚水，說著如何又如何地感動、不捨或無奈。

我知道開會是抓緊時間討論重點，但我總忍不住在某些時刻要跟大家分享人、事、物的來龍去脈，因為這些都是造就今日高雄線上讀書會的重要元素與養分。

等團隊認領好各自的書寫主題後，我更忙碌了，被大家約時間要訪談，時間表非常擁擠呀。有Line語音通話的、也有視訊的；有個人的、也有一組人的；有臺灣各地的、也有世界各地的。

每一次的訪談過程，都比預期的時間長，每一次訪談完，我不但不覺得累，還感覺能量滿滿。因為這一次次的「思想起」，都讓我們回憶一起走過的路、做過的事與愛過的彼此，話題都聊不完。

我很珍惜，珍惜這一次次與團隊成員們的訪談，這是一種心的交流，把舊有的情感喚起並重溫，也藉由寫書這件事，繼續加厚團隊情感。

訪談是為了讓大家得到各自書寫的篇章裏需要的資料，也讓大家敘舊跟「搏感情」，但我們也不僅僅只是在「說事情」，更是在傳遞上人的法。

我常說：「遇見的就是好緣，發生的就是好事，如果覺得很幸福，就更認真做慈濟。」相互傳遞上人的法，也是在做慈濟。

「法」在廣泛的定義上，指的是宇宙間林林總總的一切，也指的是思想、規範與方法；上人的法就是跟上人有關的一切思想、規範與方法。用上人的法來規範自己、勸度他人與解決問題，一直是我們團隊談話間的默契，讓彼此在談論到困難或磨難時，能夠用來化解困境、轉念與保持正向。

當我開始詢問跟邀約適合加入寫書群組的團隊成員時，我很驚訝不但沒有人拒絕我，還有好幾位都是自動請纓的。

例如馬來西亞的任海文，他是我們粵語口譯團隊的成員，後來才發現他其實是一位文字工作者。他自動請纓不是想要當主編，或是寫什麼重要的章節，而是覺得校稿是一件非常重要的事情，他希望能幫忙總校稿，來協助讓這本書盡量完美，而校稿其實是一件很累也很耗日費時的工作。

任海文只是其中一個例子。團隊裏的每一個人，都是為了成就這本書而努力投入、不計個人得失。我是非常感動的，一路走來無論遇到什麼挑戰，團隊成員心裏總是沒有自己、只有高雄線上讀書會。總體來說，大家的目標一致、方向一同，都是為了跟隨上人做慈濟。

我既感動也感恩，感恩有上人的法，感恩有高雄線上讀書會的每一個人。

（整理撰文／許愷玹）

師徒之間

回眸來時路
無悔慈濟路

有時差無秒差
線上讀書會精進

讀書會的靈魂人物——呂美雲老師

編撰／許愷玹

「直播出擊，開心至極！」

「傳法髓、續人才，連線讀書一起來！」

每週三早上九點，高雄線上讀書會一開始進行，現場與網路上跨國跨區的書友們，就能聽到積極熱情的主持人呂美雲用鏗鏘有力、洋洋盈耳的聲音，喊出這兩句開場經典句子。

創意教學發想

小學退休老師呂美雲，加入慈濟已經三十三年。

「我認識慈濟那時候，南區教師聯誼會還沒有成立，大家問我要不要找有興趣的人來聚會一下，他們給了我臺南、屏東一些老師的聯絡電話，我就一個個打電話去邀請。當時，高雄還沒有成立分會和聯絡點，共修、聚會都在志工家，我就說到我家去，所以南區教聯會是從我家開始的。」

一九九六年，呂美雲受證成為慈濟委員，證嚴法師給予法號「慮友」。「友，是與人為善的意思，我時時提醒自己要與人為善，結每一分好緣、法緣。」

還在學校任教時，呂美雲把《靜思語》融入班級經營與教學，「靜思語教學是千變萬化的，但老師要先加以內化，要學生聽話就不再是神話。」她替靜思語教學下了如此的註解。

不開晨會的早自習及課餘時間，她在班上開設心靈課程，如「開心箱」（由學生上臺做好人好事分享，彼此讚美）與「甜甜圈」（老師藉故事、圖片、影片傳達人間美善）等，來肯定每一位孩子。

「當我的學生挺忙碌的，什麼時間要做什麼事，怎樣的課程有怎樣的遊戲配合……重要的是，他們都會從中得到肯定。」呂美雲設計出一套完善的遊戲規則，讓學生從做中學習，也就是一天的學習都在遊戲中度過，讓孩子歡喜來上學。

她重視每個學生的優點，班上除了班長、副班長之外，人人都有職責，都是「長」字輩。譬如管掃把的稱「掃具長」、負責掃地的叫「掃地長」，還有窗戶長、抹布長、禮貌長、燈長、環保長等，大家各司其職，毫不含糊。

「如果看到有學生把弄歪的椅子扶正就當場表揚，請口令長呼叫全班一起給予掌聲鼓勵。讓孩子時刻包覆在被讚美、被重視的環境中，啟發孩子們美善的一面，自發自律成為誠正信實的人。」

問起呂美雲帶班成功的心法，她雲淡風輕地說：「我視學子如己子，用愛心化冥頑，如此而已。」她覺得普天下沒有「問題學生」，只要「學生有問題」就幫他們排解，在她的眼裏，人人都是可造之材。

「我們班上有一個默契，只有讚美、沒有責怪。這個人不夠好，原因出在哪裏？我告訴學生，是我們不夠愛他。如果我們夠愛他，他就會好，所以全班都要來愛他。」

「我常會有些怪怪的想法，那是有別於傳統教學的創意發想。」生活周遭觸目所及，都會讓呂美雲聯想將它們運用到教學上的可行性，她笑著說：「因為我還得在教聯會裏分享教學心得，所以非得逼著自己進步不可！」

「一個人好，不是好，要大家都好，才是真正好。」她以身作則，主動影印自己編寫的教材，發給同校老師參考，無形中也激發了彼此的教學熱誠，讓其他老師發展出各自的教學特色。

老師們的老師

曾經榮獲優良教師師鐸獎、第一屆高雄市POWER教師獎的呂美雲，不只是小學生們的老師，也常受邀到各校園分享創意教學、靜思語教學以及班級經營等，所以她也是老師們的老師。

開始在社區帶領讀書會之後，她成了社區讀書會成員們的老師。直到現在，每週帶領高雄線上讀書會，成為全球幾千人同步共讀的讀書會靈魂人物，人人口中的「美雲老師」。

過去班級經營累積下來的法則，呂美雲全都活用在讀書會中。她誠情對待每一位團隊成員，大家很平凡的一個動作或成果，在她看來都是不凡的表現，不吝適時地給予感恩與讚美，讓團隊裏的每個人都能相信自己。

她更希望凡是幕後默默耕耘的人，都能有機會被看見、被聽見。

社區導讀：一週十三場

序值秋分，溫和的陽光透過整片牆的落地玻璃窗，照進了高雄靜思堂的靜思書軒，這裏是每週三舉行線上讀書會的地方。

二〇二二年十月五日中午，結束早上整整三個小時的讀書會直播後，大家都各自回家了。這時，二樓直播團隊卻還在整理與聯絡多種口譯的善後工作。

呂美雲與留下來準備為出書開會的呂錦淑、許愷玹、楊慧盈，以及陸續忙完的直播團隊，一起簡單吃飯糰、話家常，笑聲不斷。

她手拿餐盒輪流送到大家面前，招呼著說：「這是『班長』帶來的私房菜，給大家加菜。」呂美雲口中的「班長」是從中鋼退休的鄭弋釧，他不斷地走動與寒暄，儼然是二樓的總管家。

呂美雲介紹說：「他自從加入讀書會團隊以來，做事非常盡責且仔細，會幫大家注意很多小事情。我發現他的個性很適合當『班長』，於是他就變成我們的班長了。」

「每次工作團隊結束要離開時，班長一定會四處檢查，確認電燈都關了、東西都歸位了，或是有沒有人不小心把東西遺留在現場了。」呂美雲善於發現人的優點，且賦予適合的責任去承擔，對她來說，事無大小，每一件團隊的事都是重要的事；人無高低，每一個人都是團隊裏重要的人才。

常常有人問呂美雲，為什麼能找到那麼多人才？「我觀察一個人就能知道適不適合邀約進來團隊，進來之後再挖掘這個人更多優點，慢慢賦予不同的工作；很多時候，他們都不知道自己有那樣的優點。在場的這些團隊成員，每一個人身上都承擔了好幾樣功能不同的工作。」

在呂美雲的慧眼下，讀書會漸漸成了多樣人才的寶庫。

二十八歲「發福」

呂美雲記得小的時候，媽媽把她的八字拿去排紫微斗數，那上面寫著「二十八歲發福」。當下，她很不歡喜，因為在她的認知裏，發福等於是變胖、身材走樣。

後來，呂美雲在二十八歲時，認識了慈濟。她肯定「發福」二字，是指她有福氣走進了慈濟，她喜歡這個「發福」。

書軒裏，呂美雲與呂錦淑、許愷玹、楊慧盈如火如荼地討論與訪問，不遠處有個人，像守護天使般默默地整理主持臺、張羅與會者茶水，照看一切，甚至在傍晚時分開車出去準備三明治與飲品，給大家墊墊肚子。

來自泰國的呂錦淑說：「美雲老師，姜主任一直在旁邊等，我們開那麼久的會，對他很不好意思。」

「我家姜主任是我做慈濟最大的支持，我一直衝、一直忙，他一直在照顧我、協助我，我很感恩他，因為有他，我才能全心全意投入慈濟志業。」

姜明瑞，是呂美雲的先生，國小退休教務主任，也是師鐸獎得主。與呂美雲同在二十八歲那年認識了慈濟，舉凡教聯會在姜家聚會、慈濟親子班在任教學校舉行、社區讀書會或任何活動的接送或支援，姜明瑞只有支持與守護。

退休之後，他也全心投入慈濟志業，除了帶領高雄線上讀書會的直播團隊，也承擔慈誠隊職務。

請老師來導讀

約莫二〇〇九年，整個慈濟大環境醞釀出讀書會的氛圍，開始有讀書會成立與邀約共讀，有些是社區型讀書會，有些是在某位成員家中客廳進行的小型讀書會。

當時遇到的問題，是大部分讀書會沒有人懂得如何導讀。呂美雲本身是老師，大家認為她相對會比較了解導讀的方法，便被邀請到數個社區讀書會擔任導讀人。

二〇一一年《法譬如水潤蒼生・廣行環保弘人文》經藏演繹過後，各地讀書會如雨後春筍般冒出。雖然教學工作很忙碌，但呂美雲還是盡力承擔導讀的任務。

她回憶起，當時沒有一天晚上是得空的，最高紀錄是一個星期有十三場讀書會要帶、一個晚上要跑兩場，可以想像準備要導讀的資料相當驚人。她也將一些好文章、小品、溫言暖語或團隊故事製成簡報，與大家分享，得到眾多歡喜的回響。

爾後，經由呂美雲刻意地帶領與培養，漸漸社區讀書會有足以承擔導讀人的志工。這個時期的呂美雲，在社區讀書會累積了很多經驗與能量，結下了很多好因緣，也為後來的高雄線上讀書會開拓出人脈與養分。

「我的願力來自單純一念心，做上人想做的，盡自己所能去做而已。」早在開始帶領社區讀書會與客廳讀書會時，呂美雲便發願，「要讓更多人愛上讀書、享受讀書，進而傳承靜思法脈、弘揚慈濟宗門。」「因為只有愛上了、享受了，才有可能引領大眾，藉由閱讀了解法脈宗門，法脈宗門也才得以傳承。」一路走來，她此願未改，此志不移。

有願力也要設定目標，呂美雲認為願力無窮，只要訂下目標且努力身體力行，一定會實現的。

「相互激勵說慈濟，相約聞法心篤定，相信自己有潛力，永保初心正精進」，這四句話就是她為讀書會寫下的目標，不僅在社區讀書會時期適用，也一體適用於如今跨國跨區的高雄線上讀書會，成為每週三必溫習且喊出的口號。

善用科技傳法

因社區導讀而小有名氣的呂美雲，被花蓮本會與各地區讀書會邀請去分享。二〇一〇年，高雄靜思書軒希望善用空間、活絡空間，而晚上的書軒罕有人至，於是邀請呂美雲舉辦每週四晚上的讀書會。

慈濟開始推行無紙e化後，證嚴法師希望可以推行電子書，北中南區各有一個試辦的電子讀書會，因緣際會下，二〇一二年三月起，每週四晚上的高雄靜思書軒讀書會，就變成南區電子書讀書會實驗班。

呂美雲在二〇〇八年就曾聽法師說過，要善用科技傳法，當時她在心裏暗暗發願，並設立了五個電子信箱（因容量限制），與遠端的慈濟人聯繫，接收者再轉傳到新馬或大陸等地方，這即是善用科技傳法。

為了讓更多人知道讀書會，她每週自己寫邀請函，邀請大家一起共讀、發送導讀簡報檔，更分享前次讀書會的大小趣事與心得，得到了許多溫暖的回饋。爾後，為了讓大家更方便且即時接收訊息，經由手機通訊軟體Line來分享文字和圖卡，每一則善的溫言暖語，得以更快速地傳播出去。

「藉由這些故事簡報，我們能借力使力和更多人分享慈濟的大愛。」自從二〇一一年，有了慈濟專屬的電子書後，呂美雲就不遺餘力地推廣，除了成立電子書讀書會的實驗班，還結合電子書的各個功能，做最大的發揮，其中包括用電子書視訊拜年、接駕及送駕時當成歡迎用看板。

呂美雲也拍攝如何使用電子書各種功能的短片，並轉為QR code讓大家方便搜尋。「好好用電子書，電子書就會好好用。」也是當時為了推廣電子書而發想出來的口號。

週四晚上的靜思書軒讀書會進行了約八年，即便後來電子書式微，也一直持續下去。期間培養出很多人才、開發出許多膾炙人口的單元，使後來週三上午高雄線上讀書會受益良多。

例如，「兩位家人面對面、多講多說就來電」，就是一個讓原先互不相熟的書友破冰的好單元，總是害羞地面對、歡喜熱鬧地結束。在二〇二〇年新冠肺炎疫情嚴峻時，週四晚間讀書會不得已結束，成為高雄線上讀書會歷史中最美麗的前身。

📖

證嚴法師曾在二〇二一年底讚賞說：「美雲是知心人，我要一，她都給十。」

二十多年前，呂美雲因為參加營隊時打瞌睡，法師看見後查看課表，表示課程安排過於緊湊，「連那個過動兒都受不了。」

呂美雲知道後，默默發願「我要在慈濟當『另類的過動兒』。上人要我做什麼的時候，我希望自己能夠馬上動起來。」

在那之後，呂美雲總是不遺餘力地去推動且身體力行。無論是要「善用科技傳法」、「傳法髓、續人才」、「go go go，做做做」、「好好傳、傳好法」、「口譯團隊成立」、「筆譯團隊成立」，到希望能「著書留史」，她都領著團隊一起努力貼近法師的心。

退休禮物：週三來讀書

呂美雲退休前一年，證嚴法師行腳到高雄，看到她就用閩南語說：「你以後都是我的了！」

呂美雲霎時間愣住了，丈二金剛摸不著頭緒，但她很快地反應過來，明白法師知道她即將退休，於是回答：「好，全都是您的。」

一年後，法師再次行腳到高雄時，呂美雲已經退休了。法師見到她的第一句話說：「你全都是我的了。」

呂美雲誠誠懇懇地回答：「是，全部都是您的了。」

退休只是逗點

不少教育界的人士聽聞呂美雲即將退休、離開杏壇，不捨地問她：「你這樣一位用心教學、這麼快樂的老師，為什麼要這麼早退休？」

呂美雲心中早有定見，她說：「退休只是個逗點，我的慈濟路還很長；退休很快就會適應，因為路早就鋪好。」對她來說，退休前與退休後，在某些部分還是無法劃分清楚的，因為退休後的她還是在「做教育」，毫無失去為人師表的初衷。

二〇一二年八月一日，呂美雲在退休當日送給自己一份大禮——成立一個白天的讀書會。在那之前的讀書會都是晚上時段，對不少人來說是不方便的。那天是星期三，於是每週三上午的讀書會，就在高雄靜思堂的靜思書軒成立了。此時的呂美雲，手上還有企業家讀書會與幾個社區讀書會在進行。

多年後，呂美雲回憶起週三線上讀書會的開辦，一直覺得因緣不可思議，不僅一開辦就有人來參加，甚至臺南與屏東都陸陸續續有人固定前來，也有人是晚上與白天的讀書會都參加，她這才發現白天讀書會是有需求，且很需要持續做下去的。

「週三是意外安排的好時段，大多數的慈濟活動會在週末舉行，所以大家臨時有活動或出勤，也幾乎不影響到週三的讀書會。而且從經驗發現，一年前就邀約的講師，也很少有人需要臨時調動時間。」呂美雲如是道。

醫師娘成左右手

週三讀書會開辦初始，是有一群醫師娘當班底，包括李瓊琦、黃雪玲、周惠敏、楊慧盈，以及他們的好友郭瓔慧、歐真禎。由於跨區來了不少人共讀，這群醫師娘不單是一起來讀書，也成為呂美雲的左右手，承擔起讀書會的文書記錄、攝影與簡報等。

直至今日，大部分的人都還在讀書會承擔多項工作，是線上讀書會多元團隊的元老班底，也是先鋒部隊。

楊慧盈說起開辦當時的情況，臉上還發著光，「我們跟著美雲老師，老師說什麼，我們就心甘情願做什麼，因為我們就是想要跟著老師讀書。有些人是星期三白天參加完，隔天星期四晚上繼續參加。辦著、辦著才發現不少跨區而來的書友，不少人是在一開始就固定參加，他們很精進也很忠實，只是當時我們不曉得。」

「讀書會的事情其實蠻多的，老師一個人忙不過來，所以我們都加入工作團隊，哪個工作缺人就補上，練就我們每個人都要有很多功能，也才發現原來自己也可以很厲害。」

「你不需要很厲害才開始，你要開始才會變得很厲害」，是呂美雲常講的一句話，用來鼓勵所有的人要勇於嘗試，才能發現自己的優點。

因為有著這樣的心態，讀書會的團隊成員，個個都被她「誇讚」得愈來愈優秀，也愈來愈全方位。

呂美雲說：「讀書會需要很多人一起來成就，因為『以團體做事則永恆，以個人做事則無常。』這不是愛現，是帶動，讓每個人都在高雄線上讀書會發揮所長，遇見更好的自己。」

跨區跨國連線共讀

因為是南區的電子書讀書會實驗班，自然會有其他區域讀書會來觀摩。有一次，花蓮本會資訊處同仁楊季容和華碩慈濟電子書研發團隊來參觀與驗收成果，呂美雲活潑、創意的帶動方式，讓人留下深刻的印象。

本會指導師父德晴法師與資訊處，提議由呂美雲來做一個「連線讀書會」。當時她沒想過讀書會可以用「連線」的方式來進行，又憶起使用電子信箱向海外推廣讀書會時，住在澳洲的吳如玉曾強烈表達想一起參加讀書會的意願，便鼓起勇氣承擔起測試連線讀書會。

二〇〇八年開始，慈濟基金會執行ADOC「APEC Digital Opportunity Center（亞太經濟合作數位機會中心）」計畫，為推廣資訊人文，導入了數位學習。慈濟志業的腳步邁入了無紙e化，除了電子書之外，也開始運用VMeet視訊系統，透過網路連線，全球一百多個慈濟聯絡點，可參與靜思精舍的志工早會或各地營隊等活動。

呂美雲的連線讀書會，在高雄分會資訊處同仁陳信榮的協助下，也使用VMeet軟體做測試。

二〇一三年三月進行第一次測試連線，當時連線的單位有花蓮本會與大陸崑山聯絡處。同月進行第二次正式連線，增加了澳洲、馬來西亞、臺南與高雄其他區聯絡處，一同與會。自此，開啟了不斷增加的跨區跨國聯絡點，一起連線共讀的新篇章。

也因為連線開始是在三月，高雄線上讀書會的生日就在三月，每年三月都會舉辦串聯全球書友的周年慶活動。

聞法不受疫情阻礙

二〇一九年，電子書讀書會更名為慈濟高雄線上讀書會。

從二〇二三年到二〇二三年之間，每週三早上連線一起讀書的書友，遍布五大洲、二十多個國家，多元團隊成員擴大成跨國跨區五百人，即時聯絡方式有一個Telegram、十八個Line群組、再加上七個微信群，直播頻道有「慈濟@高雄」臉書與YouTube，高雄線上讀書會創造出前所未見的傳播力。

「只有拚出來的美麗，沒有等出來的輝煌！」呂美雲感恩團隊一起打拚，讓證嚴法師的開示能在雲端廣澤大眾、讓全球慈濟人的大愛足跡相互交疊。

二〇二一年新冠肺炎疫情，五月臺灣進入三級警戒，在高雄主場的讀書會只好關閉，因為一個場地只限五人。

眾人精進的心沒有因此懈怠，而是將讀書會的運作移到高雄靜思堂的國際會議廳，工作人員除了導播、直播和時間長莊佩蓁之外，其他團隊都不用到國議廳，所有講師也皆改成視訊分享。

一直到二〇二二年年初，疫情降到二級警戒，線上讀書會與全體工作人員才得以回到靜思書軒，如常繼續。

一生無量：邊走邊整隊

讀書會的文宣，直至二〇一九年之前，都是呂美雲負責撰寫。但是一路走來，有高雄醫師娘群、從臺南跨區而來的王溢亭等人，多方面的協助。事情漸漸地愈來愈繁多，才由被她邀約進來的團隊夥伴接手分擔。二〇一八年底文編團隊成立，首次加入的有楊慧盈與張貽翔。

呂美雲說：「慧盈是最開始的那群醫師娘之一，一直跟著我做到現在，承擔的也不只文編工作，哪裏有缺就補哪裏。貽翔很可愛，她原先根本不知道自己會寫作、能寫作，在讀書會被我發掘之後開始寫，才知道自己其實很能寫，目前還在幫忙寫上人行腳的隨師文章。」

「之後加入文編的鄧如玉，她真是我們的小叮噹，我們有什麼事就找她，不只很能承擔，速度還很快。我們團隊就是這樣來的，一路上邀約適合的人進來，進來後邊走邊整隊，就變成好大一隊，而且鮮少有人掉隊喔！」呂美雲說得輕鬆，這是她把班級經營方法移植過來帶團隊，像桶箍一樣把每一個人都箍緊且愛好、愛滿。

任務一個接一個

二〇二二年九月二十四日這一天，呂美雲帶隊回花蓮靜思精舍，向證嚴法師報告高雄線上讀書會的工作進度。

每一次法師給予任務，呂美雲就立刻帶著團隊勇往直前，完成任務後再回去報告，法師便會再加碼給予其他任務，大家便又繼續衝。這是團隊與法師之間的默契——「上人呼、弟子應」。

在法師交託要加入多國口譯不到兩個星期，讀書會就成立五個跨國跨區的英語口譯團隊，並在兩個月後上線執行任務，目前已經有十種口譯語言，筆譯團隊也已累積到十九種語言。

對呂美雲來說，每一次法師給予團隊加碼祝福的任務，都是一種挑戰。往往是不需多想地認真完成任務，才發現團隊又往前邁進了很多步，更體悟法師督促弟子們不斷地精進，確實能讓弟子們突破對自我的限制，創造出自己的價值。

這一次，法師交付的任務是出書，出一本可以替慈濟、替高雄線上讀書會留下足跡的書。

法師說：「書裏面應該包含時間、空間、人與人之間，讓後代見證這個時代的社會，有這樣一群人、用這樣的方法在做慈濟，讓慈濟在人間的價值，一直傳遞下去。」

行動派的呂美雲，五天後就帶著團隊線上開會討論出書事宜，並邀約海內外寫手，跨國團隊同行共進。在邀約及訪問的過程中，還要克服多國的時差。

呂美雲笑說：「第一次耶，這是我們團隊第一次因為執行任務開比較多的會。我帶讀書會那麼久以來，有什麼事都是我傳達一下，大家就開始各司其職動起來，這麼多年一直運作順暢。」

菜鳥擔重任

在出書的第二次線上會議結束後，呂美雲立刻撥電話給其中一位與會者許愷玹。

她是一個半月前剛加入讀書會文編小組的新手成員，呂美雲希望她可以承擔主編的任務，許愷玹吃驚地問：「老師，我是團隊裏的菜鳥耶，對整個讀書會的了解也不深，你找錯人了吧？您不怕嗎？」

呂美雲說：「我不怕，我知道你是新手，但直覺你可以承擔，所以我不怕，你呢？」

許愷玹回應：「我是這麼菜的新手，您都不怕我了，我還有什麼好怕的！」

呂美雲帶團隊向來是敢於交託責任，全然信任也鼎力支持，這是她能一路帶出很多人才的正向心態。呂美雲也表示：「我們團隊沒有分你是新手還是資深，進來了就是人才，有任務就承擔。有人承擔任務時，大家都會感恩承擔的人。」

二〇二二年十月，法師行腳到高雄靜思堂，呂美雲帶領團隊與法師座談並報告出書進度前，錄了一段話到與會者群組鼓勵大家，並在群組寫下一段話：「請大家放輕鬆，把您自己要分享的部分熟悉就好，關於簡報的部分，請大家不要有罣礙。如果有錯，就是我的錯！」這也是她的領導風範令人佩服，讓團隊都勇於承擔的力量來源。

「大家都說我很厲害，但我從不覺得我厲害，因為我什麼都不會啊！但我知道誰會，所以就找會的人來做，然後全力支持他，我們團隊其他人也會全力支持，這就是我們團隊的默契。」呂美雲微笑說。

最給力的能量補給

團隊在成立五周年後，首度踏上尋根之旅。「行行行！進進進！go go go！做做做！讀書聞法，讀書聞法，我們更精進！貼近上人心！」寧靜的靜思精舍，從會客室傳來這些充滿正能量的口號呼聲。

讀書會週週不間斷，平時各功能組隊盡力完成任務、彼此配合補位，努力圓滿每一次的讀書會。然而，如何讓團隊每個人的能量繼續升溫、精進不懈怠呢？呂美雲表示：「給團隊力量最好的方式就是親近上人。」一定期的心靈尋根之旅，就是最直接且最有力的能量補給。

除了親近法師之外，心得報告也是在盤點自己、盤點高雄線上讀書會，彙整出成果不是為了誇耀，是在檢討與尋求更多的成長。法師也會給予肯定與交代新的任務與目標，一步一步引導弟子們更精進。

第二次尋根時，住在美國的黃芳文說：「有幸得到好因緣，立刻從美國收拾行囊，飛越一萬多公里，搭上『尋根之旅』列車。將近五個小時的火車旅途中，大家分秒不空過，資深志工帶動分享慈濟故事與體悟，『回家』的路在法喜與歡笑聲中，步步趨進。」

在法師的期盼下，高雄線上讀書會的尋根之旅由一年一次變成一年兩次，在每年的五月以及十月。

全球同步沒法髓
線上讀書會四歲了
莊雪師姊分享

隨師菩薩
心光閃耀

《天下第一招》
高雄線上讀書會相見歡

新住民異鄉生根
果凍花般的炫麗人生

疫情下更需精進
線上讀書會傳妙法

「讀」步全球——收看頻道與單元介紹

編撰／許愷玹

高雄線上讀書會初始，使用的連線平臺VMeet，會眾需要到當地慈濟會所才能連線，參與的時間必須同步，這樣的方式進行了四年。二〇一七年，開始進行直播，用臉書「慈濟@高雄」的粉絲專頁連線，起初只有講師單元才連線。

同年，呂美雲乘隨師機會，詢問可否全程及持續直播。得到肯定的答覆之後，立刻請團隊著手進行，團隊高效率僅用兩、三天時間將設備全部安置到位，迅速做好直播準備。第一次直播就吸引超過萬人觸及，令團隊振奮不已！

目前高雄線上讀書會在每個星期三早上九點進行全球直播，書友們可以到高雄靜思堂的靜思書軒參與現場實體讀書會，也可以利用臉書「慈濟@高雄」粉絲專頁收看直播，隨時可以留言，與全球書友即時互動。

另外也有YouTube直播，讓書友們可以藉由預約的網址，輕鬆收看直播，也讓無法準時收看直播的人，隨時可以在YouTube「慈濟高雄線上讀書會」頻道找到過往的影片，有多種語言版本可供觀看。

高雄線上讀書會從二〇一三年三月二十日連線測試開始，至今已屆第十個年頭了。進行的形式一向活潑有趣，主要是因為主持人呂美雲希望大家能夠愛上閱讀、享受閱讀。

讀書會的流程，也因應書友年齡層擴大、連線地區增加、社會變化與疫情突發等種種需求，而不斷地調整，不但語言種類增加了，單元內容也愈來愈豐富多彩。

培養口說傳法人才

「棒棒是強棒，一棒接一棒」，是讀書會裏訓練口條的最基本單元。每位分享者只有三分鐘時間，要以最精要的方式，說出他們的所見所聞，內容或是感動人心、或是發人深省，又或是增長見聞、開闊眼界。

呂美雲從書友中觀察、邀約，這些人通常沒有演說經驗，不能一開始就給予太大壓力。他們同意加入後，可以選擇三個月、四個月或是六個月的見習。

在這期間，呂美雲鼓勵他們先認真觀摩別人在臺上的表現與口條；口條可以說是口才、咬字發音或是說話的條理性。

優秀的口頭分享或演說，實際上與臺風跟邏輯有高度關聯性，如何真實、清晰、精準又優雅地表達是需要訓練的，大量觀摩、反覆練習與經驗累積都是必須的，沒有捷徑。

呂美雲深深懂得這個道理，對口說人才的培養，她是細膩且耐心十足的，唯有階梯式的學習與帶領，才能將原本也許連信心都不足的素人，培養成可以獨當一面的口說人才。

分享的內容有三種選擇：第一、分享平日裏做慈濟的心得或小故事；第二、分享過去一週看證嚴法師開示，印象深刻的話語或事件；第三、收看大愛新聞或大愛臺的任何感想。

這般規定分享內容，主要是讓被培訓的人跟法師、跟慈濟世界接軌，慢慢地接觸慈濟、了解慈濟，進而做慈濟。呂美雲從不忘法師的期許——高雄線上讀書會要「傳法髓、續人才。」

在社區讀書會時期，呂美雲就開始讓書友們相互複述剛聽完的內容，藉以加深印象且容易內化。

不過，她也發現三個人以上的群體複述，一定會出現一位或兩位完全不講話，只聽別人講。思考之後，她立刻改成兩人一組，這樣便不會出現有人沈默不語的狀況。

這個有趣的活動，就是後來的「兩位家人面對面，多講多說就來電」單元。

首先讓大家看一段幾分鐘的影片，影片題材包括有《羽光片影》——回眸慈濟來時路的歷史片段，或《精舍日常》——了解精舍師父們修行與農禪精神，接著找前後左右的書友，相互重述影片內容。

透過「兩位家人面對面」的破冰，讓大家不僅可以訓練講故事的邏輯與組織能力，同時也認識或增進彼此的感情，更活絡了現場的氣氛，真可謂一舉數得。

這個培養口說人才的單元，相當受到歡迎，後來也廣為慈濟各地的讀書會或培訓課程使用。只可惜，新冠疫情開始之後，這個單元因應社交距離要求而被暫時取消，相信將來條件允許時可以恢復，讓書友們更「來電」。

在口說人才培訓單元中，呂美雲觀察到差不多可以進階的成員，就會邀請他們進入導讀團隊，開始觀摩與練習。

進階為優秀導讀人

線上讀書會的單元琳瑯滿目，但無論如何調整與增減，唯一不變的單元是由導讀團隊負責的「老實恭讀衲履足跡」。

《證嚴上人衲履足跡》是靜思精舍常住眾每日敬侍師側，親筆記錄證嚴法師每日言行，經融會貫通於心，轉化為字字珠璣，彙整結集成一本本的「如是我聞。」

呂美雲選擇《證嚴上人衲履足跡》作為閱讀書籍，她說：「縱使我們無法跟隨在師父身旁，那麼只要上人做一天，弟子每天老實恭讀一篇，也就等於是在隨師，貼近上人的心。」

她特別呼籲大家一定要每天恭讀，深入了解慈濟四大志業、八大法印（慈善、醫療、教育、人文、國際賑災、社區志工、骨髓移植、環保推動）的脈絡，清楚明白過去與現在的時空背景下，許多慈濟人、事、物留下的悲智印記。「老實恭讀《衲履足跡》，絕對是身為弟子行經入法最基本的本分事。」

導讀人肩負比較嚴肅的責任，要引導大眾了解證嚴法師所說，所以要求上更嚴謹也更嚴格。導讀時間限制十分鐘，內容緊扣住分配到的《衲履足跡》範圍，所以需要深度閱讀及內化，找出其中一個主題加以發揮。影音的呈現是必要的，要求占其中的二到四分鐘，影音來源由於版權考量，限制從法師開示或大愛臺的影片中擷取。

成為導讀人不只是口條要好、臺風要穩、形象要莊重，還得要學會簡報製作與影片剪輯等，經過半年至一年的觀察，符合標準後，才能上臺導讀。由於時間限制很嚴格，十分鐘要把主題與重點呈現出來，所以每位導讀人都要做到精準到位。

讀書會剛成立時，此單元是由呂美雲負責，除了重點導讀書中所提到的美善故事，也會特別介紹書中的慈濟志工，一樣是搭配影音，讓「書中畫面、如實呈現」。

有時是呂美雲刻意，有時真的是不經意，當天邀請的分享嘉賓恰好是書中提到的人物，總能讓分享者更加感動。

二〇二二年十二月十四日的導讀人袁慧苓，分享的主題是「彼此感恩的人最美」，她說：「我今天要分享的範圍，是二〇二二年的衲履足跡春之卷，二月一號到二月九日。」

袁慧苓口說導讀，搭配簡報檔畫面、歌曲〈愛的火金姑〉與大愛新聞影音片段，最後用靜思小語做結尾。所有呈現的內容，都是她自己閱讀且內化後做成簡報檔，並找尋搭配的影音資料。因為有此長期經驗，後來的單元「星光閃耀　溫馨曼妙」使用的簡報檔，都由袁慧苓負責製作。

身為導讀團隊一員的盧靜慧，分享自己開始逐日恭讀《衲履足跡》之後，從書中閱覽到臺灣及全球正在發生的種種世態，也了解法師如何觀機逗教，展現其圓融的智慧與慈悲，指引弟子前進的方向。

透過導讀團隊的口說分享與影音呈現，讓見聞者可以深入地共讀，沒有時間翻書閱讀的人，也能一邊忙手頭工作、一邊用耳朵恭讀，成為另一種形式的閱讀。

丁雪玉為了導讀，五十歲才開始學習簡報製作、影片下載與剪輯，她的努力與用心，在每一次的精準導讀中，讓人感受深刻。

呂美雲說，成為優秀導讀人的關鍵，是願意承擔與勇於學習的態度，才能走一步進一步，愈走愈進步。就如靜思語所言，「不要小看自己，因為人有無限可能」，雖然「本來不會，學了就會」，還能「樣樣學會，增長智慧」。讓自己成為能講、敢講、會講、願意講的人，成為一個說法及傳法者。

閱讀不同生命故事

二〇一四年四月，呂美雲邀約高雄人醫會洪宏典醫師，固定分享醫療相關知識。二〇一五年一月，開始邀約不同領域的講師，分享內容豐富多元，書友深深受益。

洪宏典是有名的外科權威，也是臺灣首批至日本學習斷指再接手術的醫師之一。退休後，他每週偕同夫人劉美麗醫師，到高雄線上讀書會現場共讀，兩人都是非常資深且忠實的書友。

呂美雲回憶初見洪宏典時，對他第一印象是高不可攀，除了是對醫師這份職業的敬意，還有他看起來十分嚴肅的神情。

洪宏典參加讀書會兩、三次後，呂美雲卻開始打起他的主意，最後鼓起勇氣，邀約他在讀書會開闢「守護健康e點靈」單元，用十分鐘時間介紹醫療知識。沒想到洪宏典一口就答應了，而且用短時間規畫出一系列的醫療講座，讓呂美雲對他的積極與精進，印象深刻。

在讀書會剛萌芽時期，邀約醫師只做十分鐘分享，誠屬不易，洪宏典的全力相挺，也讓呂美雲更有信心往前邁進。

一段時間後，洪宏典又在人醫會裏找來三位，一起輪流分享。直到讀書會開始邀約各方講師，他肩上的擔子才慢慢減輕了點。如今，洪宏典和高雄人醫會每年仍固定一次在讀書會分享，他與夫人無論刮風或下雨，都極少缺席。

為了增加書友們閱讀的廣度與深度，原先希望一季至少邀約到一位講師，來高雄主場分享他們的專業或人生故事，所以就有了「季心登場，能量昂揚」這個單元。

事實上，這也是閱讀的一種形式，每位講師都是一部大藏經，大家透過聆聽，彷彿讀了一本書，或學習到新知識。沒想到呂美雲的好人緣，讓她每個月都能夠順利邀約到講師，甚至從一位增加為兩位或三位。一年五十二週，每週至少兩位，參加讀書會等於一年可以閱讀到一百零四本書，一起共讀的書友也愈來愈多。

講師邀約名單都是一年安排一次，也就是前一年就已經安排好來年一整年的講師名單。例如最先開始邀約的「大林慈院，芬芳杏林」系列，一年就會有六位醫師前來；後來，臺中慈院、臺北慈院及花蓮慈院也都是一年排定六位講師。

「芬芳杏林」系列單元，不僅讓書友們聽到醫護人員在臨床現場如何搶救生命的感人故事，也有機會了解到不少醫療方面的知識。

像大林慈院肝膽腸胃科周宜群醫師，即經由視訊方式，與大家聊一聊「肝癌治療新方式：生命重要，還是生活重要？」透過一位肝癌病人的問題來思考，帶出運動與保持肌力的重要性。

二〇二二年是很特別的一年，呂美雲首次嘗試邀約靜思精舍的法師，有德宸法師分享「師徒之情」、德淨法師分享「堅毅行願」。由於回應相當熱烈，二〇二三年又再邀請三位法師前來分享。

「教育現場」是延伸高雄教師聯誼會在地分享，主要邀請慈濟教育志業的校長與老師們。例如，最近一次就邀請到慈濟大學劉怡均校長，分享「如何預防阿茲海默症」。

「年輕人讚出來」單元，顧名思義是年輕志工們分享自己如何發揮良能和影響力。

慈濟基金會宗教處歐美非會務組組長呂宗翰，提及當年被爸媽帶到營隊的第一時間，邊哭邊覺得委屈，不過當時年紀小，很快就融入好玩的營隊。在加拿大求學時期，他加入當地慈青、受證慈誠，再回到志業體工作……書友們聆聽到這位學養俱佳的年輕人，一路走來是如何擘劃自己的人生藍圖。

「我在現場 我見我聞」單元，邀請的都是海內外發生重大災難時，有到現場參與救助與賑災的志工。希望透過他們講述在現場看到的景況，與慈濟人投入救災的動人故事，讓所有書友更肯定自己身在一個持續做好事的團體，進而更堅定道心，貫徹「慈悲喜捨」的真義。

「隊組合和 勤耕福田」單元，一樣是邀請各領域的志工，不同的是，這個單元不是個人分享，而是一整個團隊來分享。

慈濟事很少是個人可以完成的，多半是團隊各司其職，也相互補位，才能圓滿。臺中港區藺草團隊分享「故鄉情，藺草香」，就提到完成一項作品，要有很多人的協助，團隊合和互協，才能圓滿。

「海外家人 親臨現場」不是常態性單元，通常會預留講師名額，方便海外慈濟人返臺時到高雄主場，分享在當地做慈濟的有趣經驗與所見所聞。

例如，澳洲布里斯本志工盧威程、盧以欣，分享資深慈濟人蘇琪明、蘇鄭淑芬，如何陪伴當地慈青投入內陸義診、大型活動、賑災等，以「愛的接力賽，一代傳一代」，讓慈青們找到自己生命的價值。

類似的情形也適用於隨師群，他們每年跟著法師全臺灣行腳，隨著行程不斷變動，呂美雲也是要接變化球，以便啟動「隨師菩薩 心光閃耀」單元，與全球書友分享、結法緣。

通常他們都是靜思精舍清修士及本會宗教處同仁。慈濟基金會副總執行長林碧玉就曾於二〇一九年七月十五日，在個人臉書寫下善效應「最愛週三讀書會，字字珠璣順口溜，滿堂喝彩傳雲霄，真空不見雲中客，妙有真有菩薩身，好話是唯一法門，現場歡樂又淚奔，若非隱形菩薩群，個個精進刻法印，怎有虛空遍法身，靜思法髓奧妙傳，得來慧命無止盡」，並提名為〈雲中客〉，附註是七月十日因隨師到高雄，參加線上讀書會後，將心中的感動與感恩化為文字。

一起看好書追好劇

在慈濟每一個領域裏，有特殊經歷或豐富人生經驗者，都可能成為高雄線上讀書會邀約分享的對象。除了聽演講增加知識之外，讀書會也推薦好書給大家，更特別的是推薦好劇讓大家來「追劇」。

有別於一般平面文字推薦或簡短影音推薦，高雄線上讀書會推薦的好書，會花三十至四十分鐘來深度推薦。不光是介紹作者，呂美雲連出版社與主編都會認真地去做介紹。先使用影片，讓書友們快速了解該書主旨與背景、認識書中主角們，也描述作者成書的起心動念。最後，再把來到現場的作者，請出來與大家面對面。

「遇見作家 深度展閱」單元，就曾邀請《咱的囝仔 咱來教 咱來惜》這本書的作者群。當天，呂美雲還特地穿著教聯會制服，向身為慈濟教師聯誼會創始人之一的作者陳美羿老師致敬。

在呂美雲的開場介紹與影片結束後，先由陳美羿分享此書是由二十六位作者執筆書寫，關於慈濟志工江柑成立「三重新芽課輔班」的感人故事。接著，由陳美羿、江柑及詹明珠三人再接受訪談，道出與新芽課輔班孩子們互動的點點滴滴。書友們跟著影片播放，也隨著作者分享，而進入書中的世界，有如深度閱覽了一本好書。

二〇一六年，大愛臺邀請呂美雲為大愛劇場新戲《我和我母親》，在高雄籌辦與觀眾的見面會。呂美雲除了喜歡廣結善緣外，還熱衷於追劇，當然，大愛劇場也是她平日必追的節目之一。於是，她歡喜應允，在高雄靜思堂將這場見面會舉辦得熱熱鬧鬧，回響極好。

自此，高雄線上讀書會與大愛臺結下好因緣。後來，大愛劇場幾乎每一檔新戲都會到讀書會來宣傳，「星光閃耀 溫馨曼妙」單元由此而生。

這個單元有個特點，大愛臺通常會安排戲中的男、女主角，與現實生活中的本尊，到讀書會現場。曾經因為新冠肺炎疫情的關係，這個受到相當歡迎的單元暫停了，幸運的是在二〇二一年又重新恢復。

大愛劇場《你好！我是誰？》中，飾演曹媽媽的演員崔佩儀，與劇中本尊、人稱「曹爸」的曹汶龍醫師，在二〇二二年五月十八日來到讀書會現場。

曹汶龍是大林慈院失智症中心主任，經常到各長照據點與失智患者及家屬互動，是人氣很高的一位好醫師。

他表示，來慈濟服務二十六年了，從志工們身上學習到很多，也體會到每個有失智患者的家庭都是「災區」，需要我們的關懷。劇中角色都是曹爸遇到的真實個案，希望透過正向的態度與正確的方式，讓大家面對失智家人的時候，更能理解如何相處。

短劇串場活絡現場

提到「星光閃耀 溫馨曼妙」這個單元，就一定要講到因應而生的「很愛演小劇場」。在介紹明星與該檔戲本尊出場前，很愛演小劇團會自行設計小短劇，來呼應該檔戲的主題與內容。

二〇一九年十月十六日，大愛劇場《愛的路上你和我》劇組人員蒞臨高雄主場。很愛演小劇團首次在讀書會以《學徒之愛》短劇來串場，書友們回響非常熱烈。

此後，由李宛臻所帶領的很愛演小劇團，除了配合大愛劇場蒞臨主場站臺必定串場之外，也會在「活絡筋骨 健康身心」單元，以「推素護生、環保護大地」為主題，不定期推出自創、自編、自導、自演的短劇，讓書友們能在輕鬆快樂的氛圍中，牢記劇場所宣導的正知見，寓教於樂，成為高雄線上讀書會的一大特色。

很愛演小劇團也發揮即時應景的傳法功能，例如近幾年來全球各地受到新冠疫情的影響，人人聞疫色變、惶恐不安，很愛演小劇團響應證嚴法師「茹素護生」的呼籲，推出一齣《素不宜遲》短劇，以北宋包青天公正清廉的古裝扮相，來為整個疫情的來龍去脈，說清楚、講明白。

很愛演小劇團的組員，多半來自大愛媽媽。李宛臻是「說、學、逗、唱」都能上手的資深活動組志工，長久以來參加各種活動的經驗中，她發現以戲劇方式入群度眾，是一個方便法門。於是，找了一群在時間上可以配合的大愛媽媽，如賴秀芳、薛郁琪、蔡濰婷、胡秀慧，以及年紀稍長卻很有熱忱的志工李慶僚、李賴琴娥，組成小劇團。

雖然大家都不是專業演員，卻把握每一次演出機會，不厭其煩地在事前一次又一次反覆練習，做足十二萬分準備。他們都體認到，上場演出絕對不容許ＮＧ，更本著感恩心，藉由演出機會，與廣大書友結好緣。因此，即便只是一、兩句臺詞，幾個走位動作，也要對著鏡子反覆練習，檢視自己的聲色、語調有沒有到位，不斷地反省檢討，來增加自身的能力。

賴秀芳原本內向拘謹，如今已能自信地站上舞臺；薛郁琪從不敢接受挑戰，經過一次次演出經驗的累積，已經能融入戲劇詮釋角色；蔡濰婷深深體會透過戲劇中的臺詞，讓自己能不斷地「法入心」，進而能將「法入行」，並真正落實在生活中。

很愛演小劇團更落實環保理念，所有的戲服、道具幾乎都是來自環保站。本著虔誠恭敬的心，以戲來說法，演得有模有樣。在高雄線上讀書會的平臺裏，他們得到心靈的成長，找到生命的方向，也從無所求的付出中，看見了自己生命的價值。

三個小時的讀書會，串場的「活絡筋骨 健康身心」單元，請大家一起站起來，動一動、跳一跳，就顯得非常重要。

二〇二二年十一月十六日的讀書會現場，播放著〈美麗晨曦〉這首歌的音樂與影片，活動組的劉雅萍、連秀玲、林姵汝與蔡碧霞，全身帶勁地領著大家動起來。

「我們可以手牽手一下嗎？來～閃亮亮、微風一下喔，好～準備撒嬌一下……」隨著影片的播放，劉雅萍邊用麥克風即時地提醒大家動作。四個團隊成員一致的動作與親切的態度，讓所以人放下矜持、跟著擺動，這是活動組的魅力。

呂美雲說，活動組的成員與她的緣分很深，幾乎都是她帶教聯會活動時，結識的大愛媽媽。她們把呂美雲當偶像，總是期待著她提供創意十足的教案與教具，以便直接在「大愛媽媽時間」運用。活動組的成員，個個看起來都很年輕，兩組人輪流隔週上臺，活力十足也積極精進。

呂美雲笑著說，自己死皮賴臉就是要賴著活動組。曾經，活動組也因為忙碌或其他因素想要退出，呂美雲對她們說：「不能來？那你覺得我可以下場嗎？」到最後，活動組還是努力輪流來情義相挺。

高雄線上讀書會
各功能團隊圖卡

線上讀書會
同步口譯傳善法

科技傳法無遠弗屆
口譯佛法做中學

【人間菩薩】謝燕萍

【盤點生命】彭秋玉
療癒果實

高雄線上讀書會9周年
10種語言傳法無量

廣發「英雄帖」——團隊個個是人才

編撰／楊慧盈

「法入心，成為髓，生無量」是證嚴法師在二〇二二年九月於靜思精舍，對高雄線上讀書會的祝福。不只是傳法，培育人才也是「生無量」。

在長年用心經營下，讀書會十年有成。從呂美雲一個人開始，到醫師娘成為主力班底，不斷地拓展後，開枝散葉，至今衍生五十三個跨區、跨國的工作團隊，人數多達五百位，儼如千手千眼觀世音菩薩，分布在世界各地，為了讀書會共同努力，守護彼此的慧命。

人才培育持續在做，人數也不斷地「生」出來。令人嘖嘖稱奇，這是怎麼辦到的？

「因為從來沒有做過，我們像是『實驗班』，秉持『傳功夫、搏感情』的心念，面對各種挑戰，邊走邊整隊。」

是的，就是邊走邊整隊。呂美雲隨時在觀察身邊的人，非常相信自己看人的眼光，覺得是個人才或是可培育成人才的人，就邀約入團隊，慢慢培養、細細雕琢，總是將一塊璞玉打磨成一塊翠玉。不少團隊裏的成員都曾說過，呂美雲是伯樂，總是識得千里馬。

除了好奇讀書會的人才濟濟如何培養之外，外界對於一個讀書會的運作，要設立這麼多種不同團隊，也頗納悶。

呂美雲說：「其實，是因應不同的『需求』而來，換言之，讀書會往前邁進的同時，發展出愈來愈豐富的單元，有關讀書會的前置作業、當天活動任務的執行、事後整理後製資料……林林總總的事物，就產生不同功能人員的需求。人人發揮『螺絲釘』的精神，各司其職；螺絲雖小，但大項物件要組裝起來，絕對少不了小小螺絲釘。」

「沿途不斷地『菩薩大招牛』，遇到了很多好人好事，感動的故事說不盡，真的很感恩大家。誠如常常在讀書會讓大家朗朗上口的口號：『遇見的就是好緣，發生的就是好事，如果覺得很幸福，就更認真做慈濟。』」呂美雲總是這麼鼓勵大家。

線上讀書會走過十年寒暑，聲名遠播而擦亮了招牌，在慈濟圈裏小有名氣，成為高雄慈濟的特色之一。

呂美雲也曾使出驚人一招廣發「英雄帖」，如強力吸磁般招徠人才，人力遍及海內外，匯聚全球各地菁英，達到證嚴法師希望弟子「傳法髓、續人才」的期待。

「高雄線上讀書會」目前五十三個團隊，一覽表如下：

直播前需完成任務的團隊

01 文編團隊

02 美編團隊

03 直播封面圖卡製作

04 中文導讀順稿團隊

05 資料影音搜集團隊

直播當天需出任務的團隊

06 導讀團隊

07 活動團隊

08 棒棒是強棒團隊

09 講師陪伴團隊

10 誠情款待團隊

11 拍照留影團隊

12 引領關懷團隊

13 口譯直播團隊

14 即時PO團隊

15 時間掌控團隊

16 視聽團隊之直播小編組

17 視聽團隊之導播和音控組

18 視聽團隊之電子書組（電子書走入歷史，功能已結束）

直播後需完成任務的團隊

19 順口溜團隊（美國/大陸/加拿大）

20 回顧影片製作團隊

21 大陸善效應團隊

22 善效應美編團隊

特殊功能團隊

23 靜思淨斯感恩禮讚（二〇一五年成立護持靜思淨斯產品的團隊）

24 共善造福群組（八周年，團隊發願：募心募愛心蓮萬蕊，上人祝福心蓮萬萬蕊）

25 共善造福激勵圖卡小組（負責累計週週心蓮的數字）

口譯團隊

26 日語口譯團隊

27 閩南語口譯團隊

28 印尼語口譯團隊

29 客語口譯團隊

30 柬埔寨語口譯團隊

31 英語口譯團隊

32 馬來語口譯團隊

33 菲律賓語口譯團隊

34 粵語口譯團隊

35 緬甸語口譯團隊

筆譯團隊

36 英文筆譯團隊
37 日文筆譯團隊
38 印尼文筆譯團隊
39 法文筆譯團隊
40 泰文筆譯團隊
41 寮文筆譯團隊
42 德文筆譯團隊
43 馬來文筆譯團隊
44 西班牙文筆譯團隊
45 柬埔寨文筆譯團隊
46 阿拉伯文筆譯團隊
47 尼泊爾文筆譯團隊

48 土耳其文筆譯團隊

49 越南文筆譯團隊

50 塞爾維亞文筆譯團隊

51 義大利文筆譯團隊

52 葡萄牙文筆譯團隊

53 印度泰米爾文筆譯團隊

轉角遇見愛——直播與口譯團隊

「直播」是現今最夯的影音流傳方式之一，無論何時、何地，只要擁有行動裝置，就能夠進行直播，將最即時的影音傳遞給全世界。

二〇一七年十二月十四日，證嚴法師行腳到高雄期間，邀約隨師團隊分享主題「心靈風光——生命的體悟」，這是線上讀書會首次於「慈濟@高雄」臉書網頁直播，開啟自媒體平臺的直播。

同年，取得本會同意後，高雄線上讀書會著手進入三小時全程直播的階段。負責導播的陳亞琪說：「一開始是王忠義告知高雄合心人文真善美窗口林淑娥及林道鳴，說讀書會請求人員支援，要做臉書直播。楊秀春負責攝影、我去支援導播，原本我們以為只有做一次直播，沒想到是每星期三都要，那時聽到感覺怎麼可能，甚至覺得應該做不了多久。後來，蔡孟勳跟林輝煌陸續加入就有四個人，我們經常三機一起作業，有時也會找其他人來支援，因為反應、對焦都要快，所以目前都是由真善美志工來操作攝影機及導播機。」

直播團隊包括導播、音控（視聽）、口譯技術、直播小編等團隊，大部分的人都是在靜思書軒的二樓。音控是在一樓，所以有時候會聽到呂美雲在現場喊說：「怎麼沒聲音呢？」「聲音太大聲了」……之類的。

直播畫面會提早出現，通常現場會看到江岳晃在八點五十四分就開始倒數，八點五十五分臉書就會先直播出去。

二〇一九年十二月，爆發新型冠狀病毒，隨後在二〇二〇年初擴散到全球，臺灣也陸續出現本土和死亡案例，人心惶惶。各地實施了隔離政策，限制了人們的行動。大多時間在家中視訊辦公或是上學、接收訊息，地球頓時淨空。

值此非常時期，為防疫考量不得群聚，原先週週高朋滿座的讀書會，該如何應對來勢洶洶的疫情？機會是留給準備好的人，使命必達的呂美雲，不輕易放棄度眾的機會，善用現代科技傳法。

讀書會團隊成員在不同的場合裏，仍然持續進行。透過連線，各地講師如期上線，順利直播；全球書友在各自家中持續讀書，不曾懈怠。直播組小編群及書友在線上熱情留言，回饋給講師，此時此刻，讀書會在空中的交流，熱鬧非常，彷彿進入了另一個時空。

二〇二〇年四月二十五日，透過雲端與證嚴法師溫馨座談。法師聽完呂美雲的彙報後，形容讀書會是「天空讀書會」，期許加入更多不同國家、語言，讓人人都能聽、能看，還要「菩薩大招生」。呂美雲手持麥克風，堅定地說：「好！」

即知即行的她開始思索如何著手，英語是最普及的語言，就先號召英語口譯志工。美國陳賣如第一位響應，讓她有如吃了一顆「定心丸」！一個月後，英語口譯團隊成軍，六月三日開始上線，即時口譯。

雖有口譯人員，直播設備卻非常陽春。一組福慧桌椅、一臺電腦，在書軒樓梯間小角落，由池爾杰獨立擔綱，口譯直播就這樣「開張」。組員透過Zoom視訊軟體，運用OBS軟體將臉書直播現場畫面，和口譯聲音結合一起，並經由YouTube直播。

「雖然有本會資訊處指導，但狀況還是有差異，最難克服的不是影像，而是聲音。因為音控選項非常多，意味增加許多變數。」池爾杰說：「就像數學的多元多次方程式，出現一項改變就會影響其他的設定。光是解決方程式相對應的關係，就耗了將近一個月時間，過程充滿挫折。」

「也許我們的基礎太差，如同小學生硬要去解高中數學題一樣。但基於使命感，非要將問題解決不可，網路教學也好，請益專業也罷，錯了就打掉再重練。就這樣土法煉鋼，終於找到那條解題的路線。」池爾杰憶起那段披荊斬棘的日子，五味雜陳。

他笑說：「看似簡單的設定，卻是經過無數次的失敗經驗，才找到成功的出口。很慶幸走過這段路，我想我已經把所有的錯誤都嘗試過了；現在不論有什麼狀況，一看就知道是什麼原因造成，這大概是所謂『久病成良醫』吧！」

「只有拚出來的美麗，沒有等出來的輝煌」，這是呂美雲常用來鼓勵團隊的經典名言。她是名副其實的「拚命三郎」，沒有人不被她夙夜匪懈的精神所感動，並且成就斐然。至今已有十種語言口譯，每週有四至五種語言排班，還有基本的華語直播。

每一種語言需要一部電腦操作，還要其他電腦後製圖卡，以及上傳華語、英語、日語的分段直播影片。直播團隊每週三上午八點雲來集，開啟主責的電腦，接著一連串的作業流程，確保上線即時能「通達無礙」。

自從池爾杰北上工作後，大家都繃緊神經、上緊發條、嚴陣以待，幸好還有志工姜明瑞的「神救援」，讓大家安心靠，終究是「關關難過，關關過」。

如今，直播團隊規模已不是樓梯間轉角處可容納，十一部電腦及擷取器、線路等，全擠身在書軒二樓的小空間。二十位志工由非專業的「歐巴桑」和「歐吉桑」組成，他們從不會學到會，「活到老，學到老」的精神，令人敬佩！

二樓直播空間儼然是個小小工作室，含藏著溫馨的茶點空間，這是池爾杰當初的巧思——先抓住大家的胃，也就抓住每個人的心。法親之間相互關懷，偶爾鬥鬥嘴卻是笑聲不斷。這是最有愛的團隊，也是最暖心的工作室。

抓住每一個精彩——文書團隊

讀書會一開始，記錄工作悉由文書團隊負責。有「幕僚長」之稱的李瓊琦，負責包括文字、拍照、手機錄影、簡報、影音製作……各職務人力的邀約。

「要找白天不用上班，有文書處理能力，能為讀書會留下記錄的這群人，要打哪兒去找呀？」聽到呂美雲提及尋找人才的困境後，李瓊琦腦筋轉得快，立刻想到自己參加高雄志玄文教基金會開設的靜思茶道班以及高雄三民區大愛媽媽成長班裏，就有幾位符合讀書會需求的好友。

她大力向好友們鼓吹來幫忙，「好命更要用心付出，這樣好命才有意思。」獲得一眾好友們的響應後，李瓊琦主動向呂美雲請纓，推薦這一群她口中所謂的「櫻櫻美代子（閩南語諧音，意為閒閒沒事做）貴婦」，來承擔文字、照相等工作，成為文書團隊的主力。

李瓊琦說：「起初讀書會人不多，事情找不到人做，後來組織健全了，陸陸續續衍生許多小組。」

她發現，使用「手機」是即時傳送最好的媒介，透過手機，可將讀書會現場的盛況，以文字、拍照及錄影，即時傳到通訊軟體的群組裏，這對於尚未啟動網路直播的階段而言，是直接取得蒞臨講師的分享簡報、照片、文字摘要、簡短錄影等的「捷徑」。對於不克來到現場的書友而言，則能透過手機裏傳來的群組訊息，接收講師的簡報，並感受讀書會現場的活絡氣氛。於是，即時PO團隊因應而生。

即時PO團隊，負責文字聽打的楊慧盈、鄞杏書、鄧如玉等人以快手著稱，即時傳送講師分享內容的摘要。楊慧盈笑說：「承擔文字的聽打，要抓住講者的重點，簡潔扼要，尤其怕聽錯話、打錯字，稍不留意寫錯了，很快就會有好心的書友來訊指正了，因此全程幾乎處於精神緊繃狀態，眼睛直盯著手機，還曾一度在讀書會現場，被其他書友誤會不認真聽講，全程在玩手機呢！」

回顧影片製作團隊的任務，是蒐集攝影團隊所拍的照片或影片，善用剪輯軟體搭配音樂、文字、影片特效，以影像說故事，讓影片重現過去一個月以來，留在讀書會瞬間精彩畫面，典藏永恆回憶。

呂美雲將回顧影片分享在屬於廣大書友的「好書好友好團體」群組裏，並在每一次讀書會開場之前播放，供等候的閱讀者細細品味。她也鼓勵大家轉傳影片，尤其是傳給曾在鏡頭裏出現的人物，讓人能夠參與、融入，感受讀書會的誠與情，是回顧影片帶來的溫暖效應。

播放前，呂美雲總是特別指名感謝製作影音的著作人，當場用照片介紹並予以鼓勵與肯定，她的貼心動作，不時展現在面面周到的人事物細節裏，「小小的動作，能生大大的影響」，是她一路堅持的軟實力。

聯手出擊 圖文並茂——美編與文編團隊

每份文宣品都傳達一個理念、一分心意，講師文宣是為高雄線上讀書會所邀約的講師，特別量身打造的電子版文宣，透過群組發送與轉傳，達到廣告的效果。

呂美雲做事一向體貼人心，後半年要來分享的講師文宣，都會在前半年或更早就分配給文編成員，讓成員們有相當充裕的時間，去查找各自負責的講師背景資料或邀約訪談。

例如臺中慈濟醫院神經外科的林英超醫師，要在二〇二三年六月七日到讀書會分享「神經外科的美麗與哀愁」，呂美雲在二〇二二年八月十四日就分配給新文編許愷玹撰寫文案，八月二十五日完成後，由呂美雲校對，接著就交棒給美編洪于婷接手。

美編完成後的第一版成品，呂美雲總是在第一時間傳給講師校勘，確認內容要傳達的意涵無誤後，講師文宣才算是定案。精美的吸睛作品，往往讓即將來分享的講師們感動與讚不絕口，講師文宣是他們收到的第一個愛的禮物，感受到讀書會以客為尊、誠情款待的心意，感動油然生起。

呂美雲同時也將圖文並茂的講師文宣，在讀書會的群組裏廣傳，吸引群組內近九千收訊人的目光、引頸期待講師分享的日子，講師文宣的製作，達到預告的良好效果。

呂美雲提及，讀書會最早期的美編是陳怡君，她負責製作讀書會各單元圖卡，以簡潔的統一色調為底圖，再依不同的單元名稱，做文字上的變更，樣式雖然陽春，但能一望即知做辨識。

呂美雲稱讚陳怡君是「超級祕書」，也是「第一號小叮噹」，雖然沒有美工的專業背景，仍勇於承擔，依讀書會的需求，默默承擔幕後作業，使命必達。

讀書會進行三周年後，開始邀請外地來賓前來分享，因此有「講師文宣」的生成，此時，具有專業背景的美編林蕙榆也加入團隊，她是第一位開始美編講師文宣的成員。

讀書會的文宣成品由文編團隊負責寫文案，以三百字的精簡方式，將講師與分享主題描繪出來，而美編團隊負責將文案加上照片與圖片，設計出與分享主題相對應的版面。如此一來，文字與設計均可達到一定的水平，也難怪能讓大家看了，都覺得質感絕佳。

另外，針對書友的回應，請書寫者將文字控制在五百字以內，由製作善效應美編團隊，轉換成精美的電子圖卡。一開始由林蕙榆負責，然後有泰國的彭秋玉、高雄年輕的人愛媽媽洪于婷陸續加入。

大陸的善效應美編也躍躍欲試，從二〇二三年一月份開始運作，他們在使用軟體上須克服一些挑戰，但是抱持克服萬難、使命必達的決心，相信豐富精采的善效應圖卡，未來會常出現。

還有個最特別的美編，是來自馬來西亞霹靂州的阮絲怡，她在讀書會八周年慶的時候，把她的感動，用漫畫的方式傳給呂美雲。「第一次看到阮絲怡的作品，我是有點驚豔，感受到有一個人在遠方，聽著讀書會，然後以快手繪畫的方式來呈現，真的很感動。」

從此，阮絲怡的畫週週沒有停過，獨樹一格的Q版畫風，讓每位講師看到後，都很感動。阮絲怡遠在海外，原本沒有人認識她，因為她週週的畫作生產，現在也變得小有名氣，大愛臺還曾經請她畫過圖呢！因為自信而顯光采，呂美雲一說到年輕的阮絲怡就眉開眼笑，因為她又挖掘到一個人才囉！

爾後才成立的文編團隊，導因於呂美雲本身工作量太大，因此決定慢慢放手。現在，她成為大家口中的「總編審」，竭盡身為老師的職責，為大家「批改作業」，讓文字作品展現簡潔聚焦之效。她說：「最初文案的撰寫，由我一個人搞定，我寫文字，然後找了一、兩位美編，幫忙後製成文宣。但是後來發現，哇！我的工作量真的愈來愈大，在體力不堪負荷、擔心耽延進程的雙重考量下，我先從高雄團隊的人員找起，請她們幫忙文編的部分，爾後又從大家分享回饋中，發現跨區甚至跨國，很多文字高手藏身其中，因而陸續延攬人才進來文編團隊，成就一篇篇的文宣撰寫。」

呂美雲舉英國的慈濟志工楊曉媚為例，長期旅居海外的楊曉媚，原先對於自己的中文能力是缺乏信心的，可是當她看到自己寫出來的文字做成美美的文宣，感動到掉淚，她說：「謝謝老師給我機會，這是我今年收到的最棒耶誕禮物。」

團隊裏還有一位令大家敬佩與不捨的文編好手，來自新北市板橋區的謝燕萍。她是罕見疾病馬凡氏症患者，二〇一八年十月二十四日第一次來高雄用「以身相許 以心相印」主題，分享自己的故事，感動了無數的人。

「老師，你知道我的狀況嗎？我不一定能等到二〇一九年再來分享。」當呂美雲邀約謝燕萍隔年再來時，她是這麼回答著，令人聞之揪心！

呂美雲回應謝燕萍：「我覺得你可以，因為你一直用自己生命的力量感動別人，相信也得到很多的祝福，我們一起來為你祝福。」

謝燕萍連續三年都來分享，甜美的笑容與充滿正能量，讓人印象深刻。她不僅能說也能寫，於是呂美雲也邀約她加入文編團隊，留下數篇精湛的講師介紹文稿。

二〇二一年十一月底，正值盛年的謝燕萍，走完這一世濃縮且精彩無比的「快轉人生」，彷彿櫻花的花期短暫，卻是用力地綻放最燦爛的光彩，令人緬懷。

謝燕萍對於高雄線上讀書會，有著化不開的濃濃情意，她留下膾炙人口的註解：「我來了，我也發現原來這個讀書會能長期的保持熱忱，是充分的信任每個人的能力，創造一個平臺，用愛來陪伴，而且每一個環扣都緊緊相連，這絕對是合和互協的最佳典範！」

和著節拍重點複習——順口溜團隊

二〇一四年底，讀書會流程又增加一個固定單元——重點順口溜。起因是那年十月，慈濟臺灣本會關懷團蒞臨美國總會，新澤西慈濟志工張慈今聽到呂美雲的分享，深受吸引而開始參加線上讀書會。感動之餘，她抱著回饋的心情，在十一月底寫下這段順口溜——

能說能唱能帶動
有心有情有熱誠
雲端線上喜相逢
相約讀書心篤定
菩薩分享傳心聲

訊息發出不到幾秒，呂美雲就給回應，讓張慈今有種「被電到」的感覺。不久之後，她應允呂美雲的邀約，開始週週寫順口溜，成為送給讀書會三周年慶最棒的「禮物」。

讀書會重點順口溜，也因此成為流程一部分，參與者透過一起和著節拍，異口同聲、大聲誦讀，從而了解前一次讀書會內容。

在沒有影片回看的「艱苦」條件下，張慈今獨自承擔書寫重點順口溜三年多。二〇一八年四月，她邀約德州黃芳文共同承擔。五月，黃芳文陸續又邀約俄亥俄州隋晶、德州奧斯汀范聖宗加入，組成美國順口溜團隊。

二〇二〇年三月，黃芳文又邀約羅德島州張秀玲加入。黃芳文曾在「好回應 善效應」分享這段經歷：「當初邀約他們時，不需要費唇舌『三請四請』，原因除了『美雲老師』這個『招牌』，也因讀書會是傳法平臺而樂意承擔，讓我非常感動與感恩！」

而最常被呂美雲在讀書會裏津津樂道的，是范聖宗的一段趣聞。小學畢業即到美國讀書的范聖宗，中文的底子有限，一開始被邀約進順口溜團隊時，還隨口問道：「『順口溜』是可以吃的嗎？」

經過一段時間的琢磨之後，他的文筆脫胎換骨，令人耳目一新。他曾在書寫善效應時，這麼提到：「自從加入了美國順口溜團隊後，突然覺得自己的生命多了好多倍，以往週二下班回家已經晚上八點多了，常常都是簡易用餐後，就攤在電視前直到睡覺，但是自從開啟了線上讀書會的直播後，發現原來在同樣的時間裏，我可以走進到別人的生命中。」

承擔順口溜任務，首先必須要認真聽，在認真聽的過程當中，體會就深。范聖宗說，透過直播去聽來賓引人入勝的分享，彷彿自己也親身經歷過，他發現，原來聽著別人的故事，也可以訓練自己處理事情的能力。

另外，值得一提的是隋晶，她現在薰法香筆記就用五字一句的順口溜方式，用心聽，馬上內化，然後變成偈誦文。

二〇二一年開始有英文口譯後，順口溜必須附加英文翻譯，雖有挑戰，但也是殊勝因緣，團隊更用心來完成。二〇二二年，原在英文口譯團隊的北加州蔡弘凱，又受呂美雲邀約加入順口溜團隊。

由美國志工組成的順口溜團隊，可說是合作無間、默契十足，這與呂美雲時時鼓勵帶動，不無關係！

加拿大郭亮君及中國大陸順口溜團隊，也都因為收看讀書會受到感動，自動自發寫順口溜回饋，後在呂美雲鼓勵成為讀書會團隊一員，每週不間斷恆持這一分感動，成為讀書會最有節奏感與重點複習的特色單元。

賓至如歸——誠情款待團隊

高雄線上讀書會在呂美雲的縝密思維下，對於每位講師的到來，皆以「一條龍」帶狀式的禮遇服務——從最開始的通告敲定、文宣完成、提醒講師準備分享簡報、抵達時接送、到達讀書會現場陪伴，與直播口譯團隊空中照會、整理書友線上留言回饋給講師……環環相扣，體貼入微，讓每一位講師印象深刻。

人力從何而來？呂美雲很快就將腦筋動到慈濟實業家志工身上。「這群人不同於上班族，時間比較彈性，我找了林嘉慧當窗口，由她去串聯，目前有三十幾組人輪流，除了接送，還全程陪伴講師。」

呂美雲回憶「陪伴」的源起，是因為有一回美國紐約分會執行長蘇煜升前來分享，他的老家在高雄，婉謝接送，且提早了半小時到場。當時，大家都忙著開場前的準備工作。「我發現執行長坐『冷板凳』，居然沒人有空招呼他，實在深感抱歉，但也因為如此，讓我發現了問題，而開始有『講師陪伴團隊』。」

當讀書會開始邀約講師蒞臨主場，書友也愈來愈多時，場控是絕對必要的。一場三小時的讀書會，包含著許多單元，分享人何時上臺、收遞麥克風、提示分享者上下臺、單元的舉牌何時要出場……這些都需要有人負責場控。

桌上擺的是給書友還是講師的結緣品？擺設的位置和方式？要不要為講師準備午餐盒？還是留下來用餐？講師有沒有襪套？茶水？簡報筆如何使用？該注意的事項，例如導播機的位置、分享結束前會有提醒鈴……這些是場務工作。

結合了場控與場務，呂美雲幫這個團隊取了個名字，叫做「誠情款待」。

靜思書軒的位置其實很有限，最多可容納六十位，但碰到大愛劇場劇組或跨區團隊來時，常常人數爆滿，往往連走道都布滿藍高椅，坐滿八十位是常態，也曾擠到一百二十人。

事先安排位置是必要的，但有時候，例如大愛劇場劇組來，或是有名人來簽書，粉絲追星到書軒主場，誠情款待團隊工作人員就得一直加椅子。

團隊與許多講師其實素未謀面，但還好現在是資訊發達的時代，可以事先在網路上搜尋講師長相，當講師蒞臨時，才能很快地叫出名字，引領到正確的座位。泰國的彭秋玉第一次到主場來，身上沒有配戴委員證，卻當場被叫出「秋玉師姊」，令她感到很驚訝。

二〇二一年新冠肺炎疫情持續嚴峻，五月臺灣進入三級警戒，在書軒主場的讀書會，也轉移到高雄靜思堂的國議廳，現場工作人員只留導播、直播和時間長莊佩蓁。翌年初，疫情回到二級警戒，工作團隊得以回到書軒，而誠情款待是第一個抵達書軒的團隊。

為了維護大家的健康，張貴枝一大早就到書軒，消毒擦拭所有桌椅，讓前來的講師安心、工作人員放心，講師使用過的麥克風也是立刻消毒。

每位到讀書會分享的嘉賓，都有請專人特製、繡上名字的鞋袋。有次讀書會還沒開始，發現擺在桌上要給講師的鞋袋，名字有個字繡錯了，隨即請製作鞋袋的志工趕工重做，在讀書會還沒結束前，新的鞋袋，繡上正確的名字，即時送達。

除了鞋袋，團隊也會準備福袋與來賓結緣，福袋裏裝的都是淨斯產品或靜思法品，那是一分感恩，也是一分祝福。陪伴前來的親友也都有結緣品，領受的來賓們都很法喜，對於團隊的用心也很感動。

由於線上讀書會是現場直播，呂美雲在讀書會進行當中，如果舉起手，表示需要幫忙，團隊會有人立刻到老師身邊；或者當老師舉起「靜」字的牌子，團隊就知道主場的秩序需要管理，臺下的聲音太大了。

誠情款待團隊也考驗著臨場應變能力，例如某位講師分享時提到他的著作，團隊會立刻到書軒將他的其他著作一併找出，讓呂美雲串場或結語時可以鋪陳。有講師分享她用淨斯產品做成點心或食物時，團隊會馬上將淨斯產品讓講師拿在手上。

為了讓呂美雲無「後顧之憂」，誠情款待團隊用心讓讀書會流程順暢，讓整個讀書會是個有溫度、暖度、深度的讀書會，以誠以情相款待，用愛真心相陪伴，讓愈來愈多人喜歡上讀書會、愛上讀書會，進而也帶動、啟發更多人願意承擔，共同成長。

空中搭橋——愛的串聯團隊

讀書會開始直播後，直播團隊裏有一個「小編團隊」，負責留意讀書會聽眾的留言，並予以回應。姚莳菁因為留言的次數非常頻繁，呂美雲於是展開一段尋人之旅。透過美國北加州慈濟人引介，得知從事教育工作的姚莳菁與先生介文清，因為工作和生活的需要，經常穿梭北加州、北京、臺北三地，廣結善緣、人脈寬廣。

時間回溯到二〇二〇年春節，突如其來的新冠肺炎疫情，使人措手不及。姚莳菁與介文清受疫情影響，被隔離在美國加州，無法回到北京工作。所幸，他們如願連線高雄線上讀書會，彌補在北京上班時不能參加的遺憾。每週三準時上線，一邊收聽、一邊互動，及時給予分享嘉賓留言。他們倆時時線上留言互動，也為主場增添溫馨的氛圍。

發現他們原來是深藏不露的大愛廣播電臺《大愛知音》主持人，呂美雲如獲至寶，大有相見恨晚之感，便積極邀約他們加入團隊，每個月在高雄線上讀書會增加一個「蒔菁文清 大愛知音」單元，串聯各地的慈濟志工雲端相聚，與全球慈濟人相互學習，成為讀書會的忠實書友。

陪伴不同國籍、不同地區的一群人不是易事，他們單憑一己之力做到了，「一群人，一念心，週週雲端相見。」這是證嚴法師對讀書會的期許：全球連線，線線相續，條條聯繫，不只鋪路，更是空中造橋，鋪成「天空讀書會」，還要再菩薩大招生。

他們在空中造橋，開通串聯愛的網絡。亞洲、美洲和歐洲的慈濟人和《大愛知音》的粉絲群，都可以接收到邀請，無秒差雲端相聚。這分動力源自於「傳法髓續人才，連線讀書一起來」的願力。

為串聯帶動兩岸三地書友，他們購置三臺電腦、兩部手機，組建全方位「電臺空間」，所有設備同時應用在多個微信群：傳遞訊息、發送讀書會連結、鼓勵書友在線上即時留言，並把簡體留言快速轉換成繁體，發給呂美雲與講師，合作無間隙互動，線下鼓勵書友們對講師的分享寫下心得體會。

大陸順口溜團隊應因緣而生，在讀書會九周年慶時，上演三句半與國粹京劇等表演，給讀書會增添了喜慶。他們與呂美雲及其團隊合和互協，帶動高雄線上讀書會的多樣化。

「他們就是帶著一群人哦，真的讓我非常得感動，無論大陸的順口溜團隊、書寫善效應、美編團隊，都是由他們來做串聯，是讀書會很重要的助緣。」呂美雲眉飛色舞地述說著。

一個月一次，每一次就這樣兩個人一搭一唱，全力以赴，到目前為止，已進行一、兩年了，還沒有重複過的主題，非常精實的十分鐘，是很受歡迎的單元。

十九種文字啟動——筆譯團隊

高雄線上讀書會翻轉成長，筆譯啟動！短短時間，五大洲志工以「一暝大一寸」的成長力，形成隊伍。十九種文字，由一百八十八位翻譯志工虛空組隊，雲端隊友多數素未謀面。

日本志工陳靜慧表示：「加入團隊，對我來說，也是一次從『善』如流的驚奇之旅！」

二〇二一年十月二十三日，讀書會團隊與證嚴法師溫馨座談後，法師給團隊加碼祝福：「不只是口譯，說話的翻譯，現在開始要落實在文字。」十一月一日，讀書會即廣發「英雄帖」：「尋找天涯海角有緣人，高雄線上讀書會在找一個人，那一個人可能是您。」

看到文宣時，陳靜慧心頭一震！「哇！好大的願！原來是要撒網全天下，蒐羅有心人。」筆譯團隊成立之後，陳靜慧擔任的是日文組幕後串聯。

呂美雲在座談會後隔天，就開始著手準備。但是，組一個多國語文筆譯團隊談何容易？一開始，連呂美雲自己都不知如何下手。例如，志工在哪裏？怎麼運作？怎麼選稿？誰來潤稿？公開平臺在哪裏？

人，先找到正確與相關的人，跟大家開會集思廣益，答案就會出現的。六天後的晚上，幾位志工跨國跨區進行第一次空中會議後，連夜就收到呂美雲發出團隊運作與思維的文案。幾天內成立專屬筆譯群組，找出負責窗口串聯彼此。一個半月內，十五種文字筆譯人才到位，之後發展到十九種文字。

十一月一日，按照各種語文和參與筆譯人數，依序選擇能完成的部分。一、要有證嚴法師對團隊的開示；二、一週兩篇善效應；三、導讀人的舊法新知；四、每週一篇人文真善美志工陳美羿的「隨師筆記」。芟繁就簡，快速定調，來自於多年來團隊步步踏實，才得以瞬間啟動。各國語文筆譯後的內容，有如文字般若，上架《靜思園地》的網頁平臺中，等待和每一個點閱相逢。

「日文筆譯貼心做出範例，該篇文章的翻譯者和校對者名字都要寫上。」「導讀團隊，我請他們寫逐字稿，他們使命必達！」「請看咱們拉斯維加斯的西班牙文筆譯團隊。他們不懂中文，需要透過英文筆譯再譯成西班牙文，大家也看一下，雖然看不懂，但還是很感動。」呂美雲總是快速地將喜悅成果分享到群組，她說：「我習慣這樣激勵團隊，帶動士氣！」

法國的外籍筆譯，因一句受用的靜思語而感動落淚；不懂泰文的志工，反而引線串連更多有緣人；不但合力翻成泰文，還透過泰國駐臺北外交人員張卓猷先生校閱後，交棒到寮國再轉譯成寮文；清邁慈濟學校團隊的加入，則希望透過筆譯培養學生翻譯能力，深入慈濟人文。英文組更是「多國聯軍」大隊，有五組共四十四人。

筆譯團隊從醫師、校長、老師、學生、老闆到主婦等，空中接軌；有多種語文接力，從中文轉英文，再轉譯本土文字；有效率分工，從串聯者、譯者、順稿者，到校閱者，棒棒相接！

二〇二二年十月，與波蘭團隊一起到高雄線上讀書會的游月英，是奧地利的慈濟志工。呂美雲得知游月英的兒子劉李鈴在奧地利長大，尋人才雷達馬上啟動，邀約他參加德文筆譯團隊。大家都很開心團隊加入了生力軍，游月英更開心兒子能有好因緣學習、真正投入慈濟。

【雲端同學會】幕後花絮聊很大

「恭喜恭喜恭喜你呀，恭喜恭喜恭喜你～」二〇二三年二月六日第三屆高雄線上讀書會雲端同學會，就在大家齊聲歡唱〈恭喜恭喜〉的歌聲中展開了。

新冠疫情趨緩，加拿大、美國、日本以及大陸都有人回到高雄現場相聚，線上也有大陸、日本、加拿大、非洲、柬埔寨、美國、香港、泰國、馬來西亞、新加坡與澳洲的夥伴一同連線。

美國的英語口譯團隊成員吳愛珠說：「這活動辦得歡天喜地啊！」

雲端同學會是在二〇二一年二月二十四日第一次舉辦，透過線上直播與互動，讓散布在各個國家的工作團隊能同樂。呂美雲說，同學會能讓平時以讀書會運作為中心點、但各自獨立完成工作的夥伴們，彼此認識一下，也聊一聊工作時的溫馨小故事。第三屆同學會的主題就是「幕後花絮聊很大。」

三個多月前，與證嚴法師座談時，一句「我是天上掉下來的廢物」，而讓大家心疼不已的英語口譯團隊吳家琳，滿臉笑容與活潑的姿態，讓人無法聯想到幾個月前、那個明顯未走出憂鬱的她。

吳家琳分享英語口譯團隊，在工作時需要一邊聽聲音、一邊口說，但領她進門的蘇紀豪，卻在她面前故意做伸展操讓她分心，於是她以其人之道還治其人之身，在蘇紀豪口譯時，她也到他面前跳廣場大媽舞。

蘇紀豪分享，某次因為臺中慈濟醫院簡守信院長與斗六慈濟醫院簡瑞騰院長一同到主場來，他聽到「雙簡出擊」這麼高難度的詞句，就用他英語口譯窗口的權力，立刻轉給吳家琳口譯。

英語口譯團隊的分享笑語不斷，可見團隊共事的情誼深厚。

大陸團隊串場主持人姚蒔菁與介文清，一上臺就讓整場歡樂氣氛加溫。姚蒔菁妙語如珠且不冷場的主持功力，宛如呂美雲的復刻版，讓整個大陸團隊的分享流程，順順如水流、暖暖動人心。

徐小茗、楊茔與楊戈穿著雲南傳統服飾，在線上合唱著四天前才為了同學會而填詞的雲南小調；焦金珠與關鍵用黃梅調合唱，給大家拜年，那唱功真是好；順口溜團隊讓人刮目相看，一棒接一棒地表演順口溜，隔著螢幕卻隔絕不了熱情。

路途遙遠，又是飛機、又是火車的，大陸團隊不遠千里來到高雄現場，只為了相聚。

加拿大團隊是國外回來人數最多的，加拿大前人文學校校長郭亮君，發言穩重又不失風趣，能教書、能寫順口溜，還擔任出書寫手。

人在美國的粵語口譯團隊陳奕樺說，團隊裏有困難的任務或工作，都是窗口任海文承擔；組內有兩位看不懂中文字，需要其他人幫忙翻譯成英文，他們再翻譯成粵語或馬來語。他說，曾回馬來西亞時，與團隊成員見了面，大家一見如故，聊不停。

呂美雲表示，讀書會團隊就是這樣，遍布各地，大家平時不認識，可是一在某個場合，聊起同是讀書會團隊成員，就會立刻親切得跟家人一樣，這是高雄線上讀書會神祕的力量。

高雄閩南語口譯團隊陳嘉正分享時，全程用閩南語，還會適時糾正旁人，真的是達人。客語口譯邱素美與邱素萍姊妹，令人印象深刻，姊姊拉妹妹進團隊，在臺上相互吐槽，卻也見到最真摯的姊妹情。兩姊妹當場示範了不少困難客語的發音，也讓大家了解客語的美。

日語口譯小野雅子與施燕芬氣質不凡，講國語時也帶著說日語的溫婉語氣。小野雅子是外交官夫人，參加了讀書會之後，先生被調駐臺灣高雄，讓她因為可以更親近讀書會而雀喜不已。

施燕芬分享道，她曾經因為對自己口譯不滿意覺得抱歉，呂美雲都是鼓勵地說：「你已經做得很好了。」施燕芬也因為常書寫善效應，而被邀請擔任出書寫手。

活動團隊身著牛仔褲、黑色或紅色上衣，帶領大家活動筋骨、跳跳舞，活力四射的熱情，感染了在場與在線的夥伴，他們也是固定在讀書會現場帶活動的主角。

二樓的直播團隊一向無人注意、無人發現，因為他們總是在二樓操控著一切，努力讓直播與連線順暢。他們今天由「班長」鄭弋釧帶隊，演出三則小劇場，展現幽默、風趣與活潑的一面。

高雄線上讀書會的雲端同學會未完待續，未來的每一年都會再辦下去。團隊成員跨國跨區約有五百人，這是一個很大的班級，由創意十足的班導師呂美雲帶領，要讓讀書會更優質、要將證嚴法師的開示傳到全世界。

個個是人才～孔秀蓮
長照推展中心

《小人物大英雄》
導讀・閱讀・啟動

雲林溫馨座談
張錦惠

《人間菩薩》
台南北區 莊雪師姊

參與大小賑災
深入獨魯萬記錄愛
周幸弘

蘇寶琴

喪夫痛化正能量
無私付出勤精進
李春蘭

閱聽的力量——書友與團隊回饋

編撰／呂錦淑

不邀打牌邀讀書

「晚上好！又到了週三讀書會的時間了……」

「明天早上八點，請準時在小區門口集合，一起去參加讀書會！」

住在中國大陸江蘇省昆山市軍澤園社區的段桂華，從二〇一二年開始，在高雄線上讀書會的前一晚，大約七點多，就走下樓，在社區每棟樓下面，對著樓上的居民吆喝著邀約。

「天氣是冷、是熱，我都無所謂啦，主要怕大家『忘』了，所以提醒一下。」

大陸氣候，四季分明，天寒時約零度左右，她就穿著厚厚的羽絨外套；天熱時，即使到了晚上，仍是四十度的燠熱高溫，她也不以為意。

每到週三上午八點，在社區大門口，果然來了很多爺爺、奶奶，最多時有二十幾位，最少也有十幾位。

這群爺爺、奶奶的年紀，大約七、八十歲左右，他們一起從社區慢慢走，走二十到三十分鐘，來到慈濟昆山會所。

「為什麼想要邀社區的人去參加讀書會？」

段桂華說，因為她想邀約大家一起「做好事、做環保」。她覺得最好的方式，就是參加讀書會，認識慈濟後，就會想要一起做好事。

七十三歲的段桂華，五十歲時退休，過去常在社區內打牌，打牌時牌友若吃不到牌，就會生氣罵人，她都氣呼呼地回家。「這樣打牌、常被罵，實在很沒有意思……」

直到她接觸了慈濟，生活起了「很大的改變」。她首先在社區內做環保，後來受邀參加每週三上午在昆山會所舉行的讀書會。

「是高雄線上讀書會把我『度』進來的……」段桂華說，她第一次接觸到線上讀書會時，看到了證嚴法師的開示，她邊看邊哭，很感動。「終於找到想要跟隨的師父了，也找到『家』的感覺了！」於是，她堅定地參與培訓、受證，還曾到臺灣和法師見面、分享。

「特別崇拜美雲老師的口才，我是『超級粉絲』，每週三早早就坐在會所等連線。」

「我喜歡和你在一起，因為你有正能量！」段桂華很喜歡讀書會中，呂美雲常說的這句話。受到激勵，她也想傳遞這分「正能量」，於是把握機會，逢人說慈濟。

「給你一個機會，可以看到『全世界』的讀書會，讓你大開眼界，心情也會變好。」段桂華對她的朋友冷彩藻這樣說，朋友好奇之下去參加，也被讀書會活潑的氛圍感動了，用手機發了朋友圈，又邀到四位朋友來參加。

「感謝段師姊一直邀我，這個讀書會真的很好。現在我們一起參加讀書會、做環保，每天樂呵呵。」

「雖然是透過屏幕收看，但覺得美雲老師好親切，好像她就在昆山，跟我們在一起，特別想見美雲老師一面。」

七十七歲的冷彩藻，從二〇一八年參加讀書會至今，被呂美雲帶動讀書會的方式深深吸引，她覺得還能從中學到很多知識，受益良多。

段桂華隨身帶著《慈濟月刊》，在回家的路上，經過公園停車場，看到司機在車內會敲敲車窗，與他們結緣，本月刊、介紹慈濟，並告訴他們，週三上午讀書會訊息，歡迎來參加。

「以前怎敢跟陌生人說話？為了介紹慈濟，並邀人來參加讀書會，臉皮變厚了，都說了。」段桂華笑說。

勇於向陌生人開口說慈濟，這對段桂華來說是很大的突破，她覺得是受到呂美雲的影響，常在讀書會上呼喊：「愛上人就要多說慈濟。」她說聽久了，自然也敢開口了。

段桂華承擔昆山環保站長多年，覺得環保志工除了做環保修福外，也要聞法修慧。所以，週三上午一定將環保志工帶去參加讀書會。

「讀書會上有些內容聽不太懂……」有人反應，下午做環保時，她就會再跟大家說明，告訴他們聽不懂很正常，多聽就會懂了。

「有些環保志工，脾氣變溫和了、也口說好話了，真的改變很多。」段桂華發願要讓更多人來感受讀書會所散發「愛」與「善」的正能量。

「這麼棒的全世界讀書會，不參加太可惜了！」使命感就是超能力，段桂華像個強大推銷員，要讓更多的人知道高雄線上讀書會！

沒慧根也要會跟

「大家一起來喔！拿水桶啊拿水桶、拿水桶啊拿水桶，擦鏡子啊擦鏡子~向上面、擦鏡子啊擦鏡子~向下面~」活動組團隊配合音樂喊口號，提醒動作。

二〇二二年九月十四日，在慈濟長照推廣中心南高屏行政辦事員孔秀蓮分享「長照路上的承擔與成長」之後，讀書會現場響起慈濟長照主題曲〈仙拚仙〉，臺上十幾位老人家，隨著音樂動起來，還有一位是坐著輪椅呢。

老人家們不只是為了伸展身體而動一動、跳一跳，他們是與讀書會的活動組合作，一起在臺上帶領大家活動筋骨。

這已經不是高雄靜思堂長照中心老人家第一次上臺表演了。事實上，自從二〇一九年二月二十七日，孔秀蓮首次帶領老人家來參與讀書會開始，就常態性地週週來到現場，形成青銀共讀的畫面。

一開始，也是實驗性質，沒想到老人家竟能全程參與三小時，成了固定的書友。他們時常受邀上臺，也年年手縫義賣貓頭鷹布偶，來響應弘法利生，積極行善的愛心與年齡形成正比。

與先生一起經營建築木材加工事業的孔秀蓮，是因為參加大愛媽媽課程，認識了來講課的呂美雲，暗下決心跟定了這位「很神」的老師學習，也跟著參加了週四晚上的讀書會。

「跟對人很重要，在慈濟裏，沒慧根也要會跟，跟著上人的腳步，也隨著美雲老師學習，智慧在增長、各種技能也在增加。」孔秀蓮覺得自己太慢認識慈濟了。

「在我心目中，其實沒有所謂的A咖、B咖或C咖，只要願意學習、願意接受挑戰的，都是『好咖』。」呂美雲表示：「說話這件事，辛苦個三、五年，可風光五十年。」

孔秀蓮一路被呂美雲選中，並訓練參加「棒棒團隊」，學習三分鐘站臺說慈濟；接著是「導讀團隊」，承擔十分鐘導讀挑戰，讓不習慣拿麥克風的她，從不敢說、不會說……到敢說、會說、勇敢說，能面對大家侃侃而談，而且還言之有物。

孔秀蓮也認真學習呂美雲待人處事與應對方式，她說：「學習老師的熱情、貼心、不藏私、正向思考、正能量等，這些優點讓我有足夠的能量與信心，在二〇一八年八月承擔長照任務。」

因為時間上有衝突，孔秀蓮要暫時離開讀書會，呂美雲雖有不捨，但仍由衷地祝福她，且叮囑她務必把長照的老人家們照顧好，將來帶著他們來參加讀書會。

孔秀蓮果真不負呂美雲所望，到長照開闢出一片天地，半年後便開始將老人家帶來參加讀書會，與大家一同歡樂、一同聞法。

在讀書會中，老人家生活有寄託，受到更多人的疼愛，臉上更掛著開心的笑容。孔秀蓮也常遇到長輩問：「你怎那麼開心，每天總是笑笑的臉？」孔秀蓮就會回答說：「您們帶給我幸福呀，而且您們這麼愛我，當然開心啊！」

孔秀蓮表示，對待長輩就是給予一點撒嬌、正面能量的語言及熱誠的心，其實長輩們都感受得到！這也是她從呂美雲身上學到的。

凡走過必留下痕跡，孔秀蓮覺得能為慈濟貢獻一點點微薄小力量，實在很有福；從帶一個長照據點，到現在可以到臺南、高雄、屏東各會所、環保站、社區關懷據點服務長輩及志工，可以做的範圍更廣。

孔秀蓮在讀書會裏攢積的技能與養分，撐起她的長照路，她自己本身的好學與努力，也將支撐未來的她，在慈濟路上能承擔更多。

不識字可多看書

「老師！我不認得幾個大字，這樣可以參加讀書會嗎？」

呂美雲爽朗回答：「當然可以啊，不識字可以多看書，認識書中的字，上人說過，『不識字沒關係，但要懂道理』，很歡迎您來。」

八年前，李富足得知高雄靜思堂的靜思書軒每週三上午有讀書會，便主動詢問、了解。

受到鼓勵後，一天兼兩份工作的她，每週三一定排休準時參加，並特意選坐在最前面的位子。她認為坐在前面，最能夠專心聽取每個人的分享、努力地抄寫筆記。

她靦腆地笑說：「好多字都不會寫呢，還得請坐在身旁的人寫給我看。」

為了跟上進度，李富足用積蓄買了一本靜思電子書。她坦言：「其實啊，我連ㄅㄆㄇ都看不懂，平常看電視，這個字念什麼音，我會把它記下來。買了電子書之後，我每晚都會恭讀《證嚴上人衲履足跡》，按下朗讀鍵，它就會講話了。」

期間，曾發生一件趣事。有一天，李富足真的太累了，多睡了一下，「上人就出現在夢中，對著我說：『你不是要讀書識字嗎？還不趕緊起床去讀書！』夢中驚醒後，就不敢再懈怠了。」

提到證嚴法師，李富足的眼神變得柔軟起來，孺慕之情溢於言表。她說：「我好喜歡聽上人開示，聽他的話總能帶給我力量。」

原來，當時李富足的大兒子入獄，加上人事磨練讓她常「踢到鐵板」，重重疊疊的心事，壓得她喘不過氣來。

她一面抱著棉被痛哭，一面從讀書會尋求正能量。李富足在心裏不斷告訴自己：「這是老天爺在考驗我，上人說過『有願就有力』，我一定可以克服困難的。」

在讀書會裏，呂美雲邀請她上臺分享一分鐘、接著再挑戰用三分鐘說慈濟事，向來自卑的李富足勇於接受淬鍊，當眾開口，在受肯定中，逐漸展露自信光采。

參加完讀書會那天下午，她就去監獄探望兒子，希望將所獲也分享給他。就這樣一年過了一年，兒子出獄了，在慈濟志工郭柏福等人的愛心陪伴下，不僅擺脫毒品的桎梏，更考取專業看護證照、承擔慈濟輔具平臺窗口。

李富足內心澎湃，感動地說：「真的很感恩上人的法，把我的兒子度回來，感恩美雲老師八年來的鼓勵，我會認真地發揮生命的良能！相信這一生就像倒吃甘蔗，會愈來愈甘甜，是名副其實的『富足人生』！」

退休前，李富足每天早上七點半到下午兩點，在自助餐廳上班，職掌十個鍋子，進了廚房，忙碌的手幾乎沒停過；下午三點到環保局上班，負責垃圾車隨車工作，直到晚上十二點下班。

退休後，她更用心在環保區塊，天天去市場、工廠等處回收塑膠袋，也連帶影響兩個兒子投入環保運載的工作。她也把握因緣開口說慈濟，向會眾推廣茹素、不燒金紙等觀念，日子過得充實又輕安。

不是為了遇見佛

自從結婚後，林季慧就開始過著相夫教子的忙碌生活。或許跟慈濟有緣，她非常喜歡看大愛臺，也訂閱《慈濟月刊》。之後，又去上大愛媽媽成長班、參加週四晚上的讀書會。

因為大部分的人都在上班，下班再趕到都已經八點多了，但大家仍然非常珍惜能夠充電的機會，每每來到讀書會現場，呂美雲總是鼓勵他們：「遲到還趕（敢）到，就是有心要到！」

智慧巧語不僅化解了書友遲到的尷尬，也增添了他們繼續參加的信心。

林季慧也邀約先生、女兒一起參加，因為人數踴躍，從一輛車變成兩輛車，先生還將小車換大車幫忙載送書友，大家開開心心享受讀書趣。

坐在臺下的林季慧，總是享受呂美雲風趣自然的導讀方式。有一次，呂美雲突然問她：「你來參加導讀團隊好嗎？」「我可以嗎？」沒想到，呂美雲笑著回答：「有什麼不可以？」漸漸地，林季慧發現自己「不一樣」了。在慈濟，她不一定是最好，但是她一定要讓自己更好！

當被問及是否能承擔骨捐幹事？林季慧又勇敢地說：「Yes!」之後，她常常有機會到各公家機關或公司行號做骨捐宣導，對方問：「只有十分鐘，可以嗎？」「當然可以啊！」

她用「簡單、直接、重點」的方式宣導，也善於接變化球，都是受惠於讀書會對導讀人的訓練，功夫都派上用場了。

社區要舉辦造血幹細胞驗血活動，她複製了呂美雲帶動讀書會的方式，以溫言暖語成功地帶動大家勇敢走上街頭勸捐，每個人從不會說，不敢說，到人人搶著拿宣導舉牌，很會說，很敢說。「大家都變成最佳骨捐代言人，那年驗血活動辦得非常成功！」

導讀需要做簡報，對於不擅長電腦的林季慧是個考驗，幸好貼心的女兒會從旁協助她，共同討論的過程中，親子情感更緊密。後來，女兒參加學校比賽，因製作簡報而得獎，也大大提升了自信心！

林季慧的先生受文山高中邀請，進校園做職業經驗分享。想不到個性文靜的他，兩場演講都非常成功，受到同學們踴躍的好回饋。他表示，參與讀書會多年來，看大家拿麥克風的模樣，也能「有樣學樣，學出好榜樣」！

參加讀書會，讓林季慧和家人共同學習成長，「這感覺真幸福！在慈濟菩薩道上，我不斷地充電、更新自己，也慢慢察覺到，學佛不是為了遇見佛，而是為了遇見更美好的自己！」

汲取前行的力量

「深秋的北京，已有了寒意，這次週三高雄線上讀書會，又一次讓我備感溫暖。美國的姚蒔菁師姊與介文清師兄，分享如何做好自己的情緒管理，讓我獲益匪淺。

一直以來，我都是一個特別情緒化的人。姚師姊和介師兄情商高又極具親和力，在他們的分享下，我了解到情緒管理的重要，首先要有自我察覺的能力，不要沈浸在負面的情緒中，入人群有助於走出情緒桎梏。

秉持三心：熱心、關心、愛心，要待人誠懇，能相互幫忙，彼此嘘寒問暖，維持良好互動。正向情緒的人，就會有良好的溝通能力，自然會有親和力，並提升社交能力。他們提供照鏡子的方法也很有趣，以後我會常照照鏡子，看自己是否嘴角上揚，做一個情緒穩定的人。」

讀書會後，黃華寫下善效應心得，與講師、書友們分享。

十五年前，得知剛初生的女兒，是先天性智力低下的唐氏症寶寶時，黃華簡直要崩潰了。

這種感覺，大概就是走著走著，突然掉進再也爬不出的谷底；走著走著，前途後路完全消失，進退無助；大概就是突然變成了啞巴，含著滿口黃蓮和眼淚，卻不知道向誰訴說；大概就是生活突然轉了個彎，你不能再有其他的期待，就這樣下去吧……

孩子的爸爸和她離了婚，她在父母的幫助下，艱難地帶著孩子長大。二〇一三年，女兒加入北京的靜思語教育營兒童班。志工們知道唐寶寶學習比較緩慢，用最大的耐心來陪伴她。

黃華說，女兒最大的進步是學會自理和語言表達逐漸清晰，而且非常喜歡唱歌和跳舞，喜歡做烘培，喜歡做家務。而她也在大家的陪伴下，變得更堅強、樂觀。

加入高雄線上讀書會後，黃華更是打開了眼界，開闊了心胸。她透過書寫善效應和很多講師結下好緣，從他們身上汲取了更多前行的力量。

平凡日子也泛光

「錦惠師姊，要不要跟我們一起到高雄，快樂讀書『趣』！」

「好啊！」

八年前，家住雲林虎尾的李玉如，見培訓中的張錦惠求法若渴，每週三驅車前往高雄總會帶上她。李玉如是高雄線上讀書會《衲履足跡》導讀團隊成員之一，對書讀得不多的張錦惠來說，參加讀書會不只是和善知識們共讀、共聞、共知，還能不斷共行、共成長。

說起第一次站在高雄主場「棒棒是強棒」單元分享，張錦惠記憶猶新笑著說：「我右手拿麥克風，左手緊抓右手，雙手還是不斷顫抖，緊張到忘記笑容。我告訴自己要學習美雲老師及團隊的精神，勇敢突破。」

正是不斷勇敢突破的精神，造就今天神采飛揚、侃侃而談的雲林合心幹事張錦惠。

張錦惠來自一個先生長期酗酒、家暴的家庭，當先生被診斷罹患胰臟癌僅剩三個月壽命時，她不僅沒有逃避，反而一肩扛起照顧公婆、三個兒女的重擔，更發願「以先生名義捐病床『種健康因』，相信善可以改變命運。」。

二〇〇六年，沈重的經濟壓力和先生時好時壞的健康狀況，讓張錦惠像失速的陀螺無有停歇地工作，只能遺憾地帶著兩個心願，暫時中斷慈濟委員培訓，「一願先生身體健康，願扶持他一輩子；二願再穿上藍天白雲制服，做利益社會的事。」

在張錦惠的用心照顧下，先生的身體日益好轉。二〇一四年，她二度參與慈濟委員見習課程，障礙仍如影隨形，「每次清晨都要偷偷出門薰法香，有時被先生發現、生氣阻止，就先休息一段時間，再到虎尾環保站聽經聞法。」

二〇一五年參與讀書會後，張錦惠收穫滿滿：「我本來很內向，平常很少與人互動。在讀書會裏學習到『無畏施』，美雲老師說過，勇敢不是不怕，是怕了還要繼續做；人可以沒有權力，但要有影響力。」

或許是誠意感動天，二〇一七年張錦惠隨高雄線上讀書會成員到花蓮靜思精舍，意外得到證嚴法師的祝福。

當她分享如何迂迴克服先生阻礙薰法香時，突然跪在證嚴法師面前說：「上人，我就像這樣，真心地跪在先生面前，請求他成全我薰法香。我用三年時間，讓他認同我做慈濟。」

法師告訴她：「認同還不夠，還要把師兄度進來，夫妻一起做，給你祝福。」

「真不可思議！隔年，先生也開始參加見習、接著培訓，現在和我同進同出做環保。」張錦惠把雲林聯絡處當成自己的家，甚至比自己的家更用心整理，常常一天跑兩趟，「看到聯絡處乾淨，自己開心，訪客看了也留下好印象。」

「身邊的人看到我的成長，也會跟著做，還說『沒有慧根，也要會跟，跟著錦惠做就對了』。」張錦惠歡喜自己有影響力，可以帶動身旁的人，而她參與讀書會最大的體悟是，「遇到事情，不會就問。許多事不是不怕，是怕了還去承擔。每個突破都是給自己成長的機會，所以很珍惜。」

因為有法心篤定

「打開好心情，好運跟著來，相信老天爺，自有好安排，笑容掛臉上，好運年年來呀，年年來！」

「一張口開蓮花香，一顆心有情有愛，一雙手勤做好事，一輩子輕安自在。」

八十五歲的莊雪和女兒王溢亭，在臺南社區讀書會帶動會員、志工們比手語，現場氣氛開心熱烈，透過溫馨愉悅的互動方式，讓大家愛上讀書，享受讀書。

莊雪目前在社區中帶動三個讀書會，啟發許多書友對慈濟的興趣，包括女兒王溢亭當初也是莊雪透過讀書會接引入門。

莊雪和女兒都是高雄線上讀書會導讀團隊一員，每一次只要輪到她們導讀，母女二人就會帶著感恩喜悅的心，從臺南來到高雄主場。

是法布施的法喜，也是感恩二十多年前呂美雲的啟發，當時一生以作育英才為職志的莊雪，深陷信念困境時，在慈濟教聯會感受靜思語能除心垢、膚慰煩惱，又驚豔呂美雲風趣幽默的分享方式，峰迴路轉間，枯木逢春，找到生命更大的舞臺。

一分活到老學到老的心，一分食果子拜樹頭的心，一分逢人就要說慈濟的心，莊雪始終堅持風雨無阻蒞臨高雄主場，為全球書友導讀《衲履足跡》。

莊雪任職國小老師時，以求好心切、嚴厲出名，讓學生非常懼怕。曾經有學生沒交作業，被處罰放學後留校寫作業，莊雪下課回家後，突然想起這件事，趕忙回到學校，發現學生一人還留在空蕩蕩的教室，沒有她的允許不敢回家。

有一天，學校拆除建物時，赫然發現某片門板上，大大寫著憤怒詛咒的話，讓莊雪對教職產生巨大挫折感，而申請退休。在等待退休期間，莊雪從接觸的教聯會中聽聞靜思語，對過去深信不疑「不打不成器」的教育方式，產生完全不同的想法，猶如千年暗室終於透出一絲明燈，打開完全不同的生命風光。

「能當老師是前世修來的福，每個學生都是為人師表修行的功課，用媽媽的心去愛，用菩薩的心去教。」莊雪以「不愛不成器」，改變過去像法官抓犯人的心，去對待學生。

在剩下的授課時間裏，她不斷和學生分享靜思語，不到一年間，在她退休的餞別會上，許多學生不捨、與她相擁而泣。同時間，莊雪已經在臺南七所學校成立愛心媽媽故事班，將靜思語帶入校園。

所有對學生的不捨，並沒有讓莊雪改變退休的決定，因為有法心篤定，她已經找到付出大愛的方向。因此更必須從呂美雲多元、活潑、創意的讀書會帶動方式中，不斷教學相長，汲取武功祕笈。

為了將這分美好帶回臺南，莊雪和王溢亭複製了高雄線上讀書會的模式，在社區成立老人班、讀書會，邀約會眾一起共讀《靜思語的富足人生》、《八大人覺經》、《三十七助道品》等。

儘管近兩年疫情嚴峻，莊雪仍跟著讀書會的腳步，善用科技，帶動志工、會眾，週週精進不停歇。又因為承擔高雄線上讀書會導讀人，莊雪學會用電腦製做簡報、自行打逐字稿。她說：「不只做一件事，而是要將事情做好。」

「每每看到上人堅忍的精神，就一直期勉自己不能懈怠，要一心一意走一條正確的路。」莊雪發願要做慈濟做到最後一口氣。現在沒有任何一件事，能改變莊雪的堅定邁進。

幸福走向了自己

從小，凌翠蓮就期盼幸福的婚姻小舟，帶她駛離貧困的苦海，沒想到第三者的介入，直接敲碎溫暖的港灣，讓她裂成碎片深深沈入憂鬱深淵。直到聆聽呂美雲分享高雄線上讀書會，才彷彿抓住重生的桂冠枝。

在讀書會中習得的十八般武藝，像金縷絲把凌翠蓮重新串了起來，來自呂美雲和團隊不斷澆灌的愛，讓她終究把泥淖變養分，重生成芬芳襲人的翠蓮。

凌翠蓮曾經覺得幸福離自己很遙遠，參與讀書會，讓她找到最初、最真實的自己，也讓孩子們找回快樂的母親，她說：「人生中遇到的苦，不好也是好，沒有經歷風霜雨雪，怎能體驗春天溫暖？」

凌翠蓮的臉上時時閃耀光輝，喜不自勝地細數這些年在讀書會學得的十八般武藝，包括活動影音剪輯、棒棒分享、活動團隊、直播團隊，更驚喜能接引兒子走進團隊，讓母子更貼近，其中數不盡笑中帶淚的小故事。

記得第一次製作讀書會影音，凌翠蓮在處理畫面時，使盡全力用上所有花俏圖框、特效，希望博得呂美雲的讚美！沒想到適得其反，被來回退件不斷修改。當下，她萌生挫折感，心想：「老師下次肯定不會再找我做了！」

沒想到呂美雲對她說：「下次再注意就好，你真的好棒棒，我好愛你啦！」

呂美雲再忙都陪著細細討倫，從做出來的影片，字字句句帶著她步步前進，加上適時讚美，讓凌翠蓮有被愛擁抱的感動。

二〇二一年五月臺灣進入三級警戒，世界被疫情凍結了！為突破病毒封鎖線，讀書會擴大深耕線上直播。對科技不太熟悉的凌翠蓮臨危受命，接受挑戰成為直播團隊的一員，在夥伴池爾杰、姜明瑞、張貽翔教學相長中，步步學習，慢慢抓住訣竅，體會科技接軌無遠弗屆，讓慈濟世界的故事環繞世界。

如同諺語說：「贈人玫瑰，手有餘香。」某次，呂美雲為了讓初為人母的大愛劇場《平凡很幸福》女主角張棋惠，感受第一次過母親節的驚喜，請凌翠蓮製作祝賀母親節快樂的影音和海報。

凌翠蓮徹夜趕工，終於完成之際，電腦竟然大當機，遺失全部的努力。她頓時傻眼，「哇～老天爺，怎麼會這樣！」

她瞬間就轉念了，抱著使命必達的心，全部重來。當熱騰騰的影片，呈現在張棋惠眼前，並帶來萬分驚奇和感動時，凌翠蓮心頭砰砰跳，第一次被自己努力的成果震撼，這不正是呂美雲說的：「用生命感動生命嗎？」

其實，用愛為別人鋪路時，幸福也會步步向自己走來。與證嚴法師溫馨座談時，凌翠蓮好羨慕眼前日語口譯御山凜，感恩母親接引他加入團隊同修共行。心念乍起，沒多久呂美雲提到法文筆譯需要一位志工把翻譯後的文章上傳到《靜思園地》，凌翠蓮抓緊機會接引兒子，成為讀書會團隊成員，母子有了新的交集。

「愛河千尺浪，苦海萬重波」，凌翠蓮的生命劇本曾被打碎，卻在呂美雲和讀書會團隊的因緣裏重生，如火焰化翠蓮，挺立自芬芳。

挑戰一分鐘開始

初踏入慈濟，張貽翔想從讀書會了解更多的慈濟事。但是她非常「自閉」，不敢和主持讀書會的呂美雲「四目交接」，深怕被叫起來分享。某次讀書會結束，有了交談的機緣，呂美雲鼓勵張貽翔寫一段文字簡單自我介紹，傳送到她的電子信箱。就這樣，兩人有了一連串不可思議的因緣。

讀書會成立之初，承擔團隊工作的人數不多，呂美雲邀約大家一起編製一系列的《一生無量》影片，內容包含十八個國家與慈濟的因緣等。張貽翔心想，她只是一個家庭主婦，電腦功能除了打字以外，什麼都不會；幸好呂美雲請資訊處同仁來指導，讓她很安心地加入團隊，從中學習如何搜尋、下載、剪輯影片，也學習如何將影片超連結。

一系列編輯製作即將完成之際，呂美雲又另外邀約文字志工，協助將每個單元的影片彙整，一一寫下前情提要，張貽翔很驚訝自己竟然在名單中。

某天，她又收到呂美雲傳來好多張陌生的相片，要求做成簡報。當時，她完全不懂得如何製作簡報，卻又不敢說，只好硬著頭皮向人請益，慢慢摸索，終於完成功課。

在讀書會中，呂美雲不斷地想訓練大家的口條，從開始的「一分鐘聚心吸睛」、「三分鐘棒棒接力」，一直到「十分鐘導讀」。上臺說話是張貽翔最害怕的事，但她想要給自己機會學習，從一分鐘開始挑戰。

她拉著女兒一起上臺，看著手機講了一則笑話，內心緊張萬分。就這樣，不知何時，她被呂美雲「相中」了，又邀她分享三分鐘的「舊法新知」。「打從老師告知這件事，我就開始緊張、焦慮。隨著日子愈接近，內心的惶恐更是無以復加。」

根據美國加州查普曼大學（Chapman University）對美國人恐懼事物的調查，公開演說為前五大最恐懼的事物之一，它所帶來的焦慮程度，比死亡高出百分之十至二十。因此，張貽翔告訴呂美雲：「我真的寧願去死，都不想上臺導讀。」

習慣在臺上主持的呂美雲，對於她的反應雖難以置信，仍是不斷地鼓勵她，給她信心。終於，張貽翔的第一次導讀，就在心臟「噗通、噗通……」，急速蹦蹦跳之下完成了。之後，呂美雲開始帶著她「南征北討」，讓她在更大的場合分享，訓練她的臺風、口條及膽識。

「過去的我，在別人眼中也是一個愛計較的人。由於自己煩惱習氣垢重，心情一度處在泥淖的漩渦中，曾經沈潛了一段時間，由於美雲老師的不放棄，一年後我又回到她身邊學習。」張貽翔毫不隱藏地表示。

回到團隊後，她從支援即時PO開始，「這考驗著我旋聽旋忘的記憶力，還要眼明手快地打字。」由於慢慢步入中年，高度近視的她有些不堪負荷，醫師警告要留意視網膜剝離的風險，因此轉而加入直播團隊。

「自從爾杰師兄北上工作，將直播的重責大任『丟』到我身上，我只能上緊發條，注意每個環節不能有所閃失。」但是萬一遇到電腦「出槌」，直播在即的時間壓力，張貽翔仍是急得像熱鍋上的螞蟻，趕緊求救，幸好總能關關難過關關過，順利直播。

十年來的薰習，張貽翔覺得自己變得比較開朗、比較正向，也從讚歎他人當中，慢慢改變自己愛比較、嫉妒的心。「更重要的是，我更有自信心了。」

她邀約骨捐團隊志工一起來讀書，也勇敢承擔主要導讀人。「感恩有高雄線上讀書會，它開闊我的心胸，訓練我的能力，培養我的膽識，柔軟我的內心。祈願自己更慈悲、更有智慧。」

想要不斷再進階

「來！大家看這邊，說『慈濟』；再來一張，比愛心喔～那個班長，你忘了要笑，美雲老師，你擋到後面、蹲低一點點。」臨進會客室與證嚴法師座談前，高雄線上讀書會出席的團隊成員，先合影留念。

負責攝影的志工又前又後、走左返右地來回觀察背景、光線與角度，替近百人的團隊找幾個適合的方向來拍照。拿著單眼相機的他，蹲低了拍幾張、墊高了又拍幾張，仔細搜尋每個人的表情與姿勢，才按下快門。過程當中，還不斷冒出幽默話語，來惹大家笑、讓大家放輕鬆。

這位拍照非常講究的攝影師，就是讀書會人稱「周大師」的攝影團隊成員，周幸弘。

周幸弘是慈濟人文真善美志工，常常得出班執行任務。九年前的某個星期四晚上，他來到高雄靜思堂的靜思書軒購買物品，恰巧遇上讀書會在進行，便留下來聽看看。連續三週的星期四晚上，他也不知自己受什麼吸引都來參與讀書會，始終默默地坐在現場聽。

「我注意到他連續三週都來，於是問他是否接下來都會參加？邀約他來讀書會幫忙做紀錄。一開始都沒有人知道他，但我在慈濟很久了，知道這個人會拍照，所以就邀約他來。」呂美雲描述當時的情景。

周幸弘覺得拍拍照、做做紀錄對他來說很簡單，於是就答應承擔讀書會的記錄工作。沒承想，這一接任務就連星期三白天的讀書會，也要到場幫忙。

「週三的讀書會與週四又不大一樣，週三的節目比較多元，許多分享都很啟發我。我自以為對慈濟很了解，其實是非常少的，慈濟做的事原來這麼多、這麼感動！我開始認真聽，也認真地去薰法香。」

漸漸地，周幸弘發現自己拍照的方式改變了。

往日，他總是為了做紀錄就隨意按下快門，反正有畫面、有文章要用的主題就好。努力薰法香之後的他，思考變多了、感覺變多了，不輕易按下快門，也不隨便取景。他自覺到心與想法被改變了，而他是歡喜的、想要不斷再進階的。

再沒有人比他更了解與熟悉高雄靜思堂的線上讀書會現場如何取景。他坐在第一排椅子來賓的腳下，由下而上拍出講師認真講說的神態，因為角度而形成的「無形康莊大道」，透過相機鏡頭、經由講師形象，往後、往上延伸到白色背景牆上陽刻的《無量義經》經文，那樣莊嚴、聞法、修道的意象呈現，是周幸弘最經典的拍照技巧之一。

利用梯子爬高，在主場的最後方、使用廣角鏡頭，由上往下把整個讀書會直播現場的熱鬧氣氛、書友用心聞法及工作人員守住崗位的場景，收納進一張照片裏，這也是周幸弘另一個經典款的視角。

呂美雲還特別開一個「用鏡頭說故事」單元給周幸弘，讓他把捕捉到的一幅幅畫面，用口說分享給大家。

周幸弘按圖說故事的能力愈來愈好，每一幅照片都深藏法意，所以贏得「周大師」的美名。也開始有不同的社區活動，邀約周幸弘去分享和攝影，成為讀書會固定班底，讓他的行程愈來愈充實。

四年前，周幸弘開始把證嚴法師開示的《靜思法髓妙蓮華》手札與照片做結合，做成一張張方便大家閱讀與欣賞的圖卡。每一天需要耗費他二至三小時，甚至更多的時間，但他法喜充滿、日日深耕不倦，再將圖卡成品發布到群組中，使大家多聞法且方便再轉傳，當個傳法的好弟子。

從不了解也沒興趣了解慈濟，周幸弘一步一步走近。他對自己的改變充滿法喜，不斷地自耕福田，成為每週三讀書會主場不可或缺的專屬攝影師，並在這裏找到永遠的歸屬感。

果然有願就有力

一千多年前，據說是彌勒菩薩降生的慧善大士，潛心辦道度化群生。受感化的太太妙光，眼見飢民無數，於是賣身為人幫傭，籌錢買糧食供齋，祈求說：「願一切眾生，同得解脫。」

感動買下她的居士將她送回，從此妙光紡紗供齋，從不稍事休息，感化很多人罄產布施。

時空相距遙遠，很難想像妙光居士慈悲捨身護法的心。然而二〇二二年九月十四日，蘇寶琴在高雄線上讀書會受到感動，發下為人幫傭護持尼泊爾「弘法利生」的大願，實是異曲同工的典範。

那天，蘇寶琴跟著雲林團隊到高雄主場分享，看到忙碌無私奉獻的呂美雲，忍不住對她說：「看到你就如我看到上人時，無法控制，淚流滿面，說不上來的感覺，心裏很尊敬、高興。」

讀書會結束後，呂美雲帶領大家到二樓參觀口譯團隊的運作，蘇寶琴好佩服又好感動，心想：「這麼艱難、繁瑣的任務，是如何完成？相信過程要花很多的辛勞，和憑藉一股毅力堅持，實在太佩服了！」

想起最近證嚴法師不捨佛陀故鄉人民生活困苦，說到哽咽，她的心也隨著酸澀不捨。反覆盤算自己的經濟來源，勞保月退不多，平日善用廚藝廣邀大家推素義賣的善款，也全數捐出去護持國際賑災、全球共善和新冠疫苗。

看到讀書會團隊克服艱難的任務，堅持使命必達。當下，她決定花一年的時間，另找幫傭工作來護持尼泊爾「弘法利生」。果然有願就有力，她馬上找到工作，而且心懷感恩回饋一篇善效應，希望得到書友們的祝福，為她的全力實現大心大願加油。

事實上，家住雲林斗南的蘇寶琴，是讀書會多年來的忠實書友。每年一定有兩、三次不辭辛勞親臨高雄主場，其他時間就到雲林聯絡處參加現場連線。六十四歲的她，很珍惜和全球雲端書友一起學習精進的機會，更善用主場強大氣場，補充自己精進的能量。

退休兩年多，精勤在社區勸素付出的蘇寶琴，因讀書會現場的感動，給她勇氣啟開《無量義經》〈德行品〉，「能捨一切諸難捨，財寶妻子及國城」，精誠所至，金石為開，捨身躍入功德海。

風雨無阻週週到

「我喜歡和您在一起，因為您有正能量」，一句耳熟能詳的口呼，讓七十四歲的李春蘭，十年如一日，風雨無阻，週週到高雄線上讀書會主場報到。

即使已搬到臺南定居，她也始終不肯放棄。「每次參加讀書會後，總是回味無窮，讀書會團隊強大的凝聚力，如吸磁般吸引著我。」

當時，孫子剛出生，全家還沈浸在增添新成員的喜悅時，相伴大半輩子的先生，卻無預警地遽然離世，隔年她又因病開刀住院，心情彷彿掉入無底深淵。

李春蘭提到，參加高雄線上讀書會，再加上法親之間相伴、關懷，讓她慢慢地走出悲傷，更深深體悟人世間是多麼無常，要把握因緣多付出。

在臺南定居的兒子，不放心媽媽一人住高雄，力勸她搬去同住，但她始終割捨不下對高雄線上讀書會的眷戀。「比起中國大陸和其他國家志工，都是不計路途遙遠參加共修，那我何嘗不能如此呢？」

數年來，每逢週三一早，李春蘭不惜舟車勞頓，即便就近共修處可以連線，但她就是愛上來到主場的「臨場感」，不僅可以親眼目睹嘉賓的風采，還可以近距離與現場讀書會的夥伴互動。

新冠疫情曾讓所有大型活動暫停，但高雄線上讀書會團隊運用科技傳法不停歇，更努力邀約全球志工一起讀書聞法，是李春蘭心中最精進不懈怠的「學校」。

附錄

週三共讀時光——讀書會內容轉載節錄

編撰／張貽翔

時間：二〇二二年十月二十六日上午九點到十二點

地點：高雄靜思堂靜思書軒

呂美雲：「直播出擊，開心至極」、「傳法髓續人才，連線讀書一起來」。我們要往這個方向，哪個方向？大家一起「相互激勵說慈濟，相約聞法心篤定，相信自己有潛力，永保初心正精進」。接著，來看一下〈茹素我聞〉影片，名人蔬食是哪一位？

我是尹昭德，我吃素。十七歲那年，我到北部念書，因為媽媽離家出走了。當時，我不曉得媽媽在哪裏？而我唯一可以為她做的事情，好像是吃素。

2022年10月26日
高雄線上讀書會
中文(華語)直播

十一年後，有一天阿姨打電話給我，說她買了一個新家，可不可以一起來熱鬧。那一天，我從臺北坐火車到宜蘭，下了車，走到阿姨的家，我一眼就從一群人中看到媽媽。這十一年來的空白，好像沒有辦法一時之間把它彌補過來。

媽媽坐在旁邊，對我來說，是一個既熟悉但又有點陌生的人。那個聚餐很快就結束了，我離開的時候，媽媽放聲大哭。

回程車上，我用外套蓋住自己，盡情地哭，難過也好，但更多的是感動。為什麼？因為我知道吃素十一年，願望真的實現了。吃素對我來說，是一種孝心的方式，也是健康的祈福。

呂美雲：每一個人都有吃素的因緣，讓我們一起藉由吃素來祈願平安。

如果您現在是在YouTube連線的人，麻煩跟用臉書連線的人說一聲，因為今天臉書連線有一點點狀況，麻煩YouTube的親友團幫我們按讚轉分享，並且通知習慣在臉書連線的家人。

預告一下，下週十一月二日是大林慈院〈芬芳杏林〉張兼華主任，即將蒞臨主場。而慈濟大學宗教研究所所長林建德，即將上線分享，先預告一下。

這一句靜思語與大家分享，大家一起念：「煩惱不住心，人忙心不忙。」

每一次線上讀書會開始的時候，我們一定會講一下「上人心目中的理想人才」。上人心目中的理想人才，有哪幾個面向呢？我們一起來念，「謙虛而非不可一世，潔身自愛能夠涵養德香，無私愛的執著而能夠平等地待人。心量開闊且能克制脾氣，做事認真可是跟人家無爭。言談舉止有威儀風度，有覺有德又有清淨心，把握大原則，小事不必計較，有這樣的人存在，上人才真正覺得後繼有人，才能真正地安心。祈願每位菩薩都是『上人心目中的人才』。」

我們把手放在這裏（心），一起說：「上人，我是您心目中的理想人才。」請大家翹起大拇指，這個大拇指是給自己的，也跟你旁邊的人說：「感恩您陪我讀書。」

陪讀書這件事，也是要相互的，上人跟我們團隊說：「你們是傳法人，要好好傳、傳好法。」最近，上人再一次加碼祝福，期勉我們一直往這個方向，哪個方向？大家一起說：「法入心，成為髓，生無量」。所以我們「愛上人，就多說慈濟」。

二〇二〇年四月二十五日這一天，上人期勉我們空中讀書會要多國語言同步口譯。而在二〇二一年十月二十三日這一天，我們又被加碼祝福要加入筆譯。

於是乎我們就這樣努力，一步一步一步向前，所以現在有十種語言的口譯團隊，共一百一十三位；有十九種文字的筆譯團隊，共一百八十八位，我們掌聲感恩口譯、筆譯團隊。

今天是十月的第四週，等一下會為您介紹第四週輪班的人。日本的這一位家人——中村省吾，他說這輩子不能直接聽懂上人的話，但總是努力聽上人的聲音，希望能聽入心，下輩子才有機會聽懂。包括今天的波蘭團隊，他們也是要透過翻譯的，所以同步口譯重不重要？真的很重要。

今天為大家同步英語口譯的是澳紐團隊，掌聲感恩陳蕙玲、李后玉、莊毓君、林方淇、凃君曄，而君曄今天會蒞臨主場，幫忙做波蘭的口譯。

慈濟高雄線上讀書會 英語口譯 /合心協力合作分工 目前五組共31人
每月第 4 周紐澳團隊(5位)
陳蕙玲 師姊
李后玉 師姊
莊毓君 師姊
林方淇 師姊
凃君曄 師姊
慈濟高雄線上讀書會
傳法髓續人才 連線讀書一起來！

慈濟高雄線上讀書會 口語口譯 /合心協力合作分工 目前三組共20人
每月第 4 周 日本團隊(8位)
陳靜慧師姊
王美玲師姊
羅文伶師姊
施燕分師姊
林真子師姊
小野雅子師姊
御山凜師姊
王譽蓁師姊
慈濟高雄線上讀書會
傳法髓續人才 連線讀書一起來！

美編／林蕙榆

日本口譯團隊是陳靜慧、王美玲、羅文伶、施燕芬、林真子、小野雅子、御山凜和王譽蓁。

廣東話粵語口譯團隊，有張民光、陳文忠、李玉芳、楊舒涵、張美貞、劉敏玲、余泳淇和張婉芳。這一個團隊是跨越香港、馬來西亞與加拿大。

印尼口譯團隊有周文漢、黃曉倩、鄭麗珍、陳龍仔。

還有客語口譯，這很奇特對不對？是馬來西亞團隊翻譯客語，掌聲感恩黃曉清、黃東華、楊世強、郭玉梅、陳秋瑋、廖月紅、葉梅燕、李翠芳以及葉美劭。

慈濟高雄線上讀書會 粵語口譯 /合心協力合作分工 目前四組共34人
每月第 4 週
跨國粵語團隊(9位)
香港/張民光 師兄
馬來西亞/陳文忠 師兄
香港/李玉芳 師姊
香港/楊舒涵 師姊
馬來西亞/張美貞 師姊
加拿大/劉敏玲 師姊
香港/謝 勤 師姊
加拿大/余泳淇 師姊
香港/張婉芳 師姊
慈濟高雄線上讀書會
傳法髓續人才 連線讀書一起來！

慈濟高雄線上讀書會 印尼語口譯 /合心協力合作分工 目前一組共4人
每月第 4 週跨國印尼語團隊(4位)
印尼/周文漢 師兄
印尼/黃曉倩 師姊
印尼/鄭麗珍 師姊
印尼/陳龍仔 師兄
慈濟高雄線上讀書會
傳法髓續人才 連線讀書一起來！

慈濟高雄線上讀書會 客語口譯 /合心協力合作分工 目前二組共18人
每月第 4 周
馬來西亞團隊
(9位)
馬來西亞/郭玉梅 師姊
馬來西亞/廖月紅 師姊
慈濟高雄線上讀書會
傳法髓續人才 連線讀書一起來！

美編／林蕙榆

〈好回應 善效應〉

呂美雲：施燕芬師姊說，雖然我們是不同國家的口譯跟筆譯，但每一次看到大家親力親為、無所求付出的時候，都讓她有滿滿的正能量，也因此激發自己要當火金姑，永遠成為高雄線上讀書會的小小螢火蟲。

燕芬師姊旅居日本多年，其實已經不再講華語了，但因為參加高雄線上讀書會的因緣，她除了口譯日語之外，還同時開始寫中文。所以她的中文愈來愈好，也是我們出書的其中一位寫手。

另一位是日本的真子，她覺得是真空妙有，妙有真空，大家好像幾千年前就已經串在一起，串在高雄線上讀書會的好因緣。

民光師兄說，雖然對粵語是熟悉的，但要直接口譯是很挑戰的。不過，經過一段時間以後，他覺得整個團隊都在進步。

舒涵講到，每一次口譯前都要開一下會，討論怎麼做才會更好。她說在口譯的當下，其實是被所有分享者所感動。

我們一起看左邊的圖卡，「今天最好盡力生活、盡力行事、盡力思想；因為今天是為明天以及所有以後的明天，做一個可靠的準備。」—最重要的也就是當下今天。謝謝現在已經連在線上，並且願意給我們留言的，無論您在哪裏，都可以拿出手機，寫下滿滿的回應。

講師回饋部分，上週有大愛臺許斐莉的分享，雲南大理的楊瑩就說，關注大愛臺的蔬食節目，有取之不盡、用之不竭的推蔬資源。所以大家要去推蔬的時候，不要忘記很棒的一個平臺，叫做大愛臺。

另外英語也是可以留言哦，雪隆玉梅說，「The Guided Reading last week inspired me a lot and the words of Brother HAN QUI（former

CEO from USA) was very touching. Able to learn and witnessed his involvement in disasters areas around the world.」她講的是上個星期，導讀人提到黃漢魁師兄，玉梅就寫，「漢魁師兄說的話很感人，隨著他的足跡，能夠學習他參與世界各地的災區救援。」

「Tzu Chi Cheras WAD: Good morning dear all dharma brothers and sisters at online Kaoshiung Book study. May all be well and happy. May our wisdom grows with learning here, gan en.」這句話寫得很好，就是謝謝波蘭團隊來，也問候全球所有的家人。

所以，如果你沒辦法用中文留言，也可以用英文來留言。還有，Irene留言特別講到阮絲怡，「Really talented to draw on the spot. gan en to sister.」待會兒波蘭團隊上來分享的時候，馬來西亞的阮絲怡就邊聽邊幫你們畫畫了。我們給阮絲怡手繪傳法掌聲拍拍手。

〈導讀團隊 舊法新知〉

呂美雲：我們掌聲歡迎臺南的溢亭——「真誠付出 智慧輔導」。

王溢亭：本週的範圍，提到了去年十二月，上人行腳到臺南參與歲末祝福，聆聽臺南志工的分享。上人開示，慈濟人付出無所求，舉凡賑災或訪視，都認為是本分事，他們自動自發，而且負擔所有相關費用，用一念真誠的心，成就人間所有好事，但功歸慈濟。大家如此真誠地付出，就是希望點點滴滴的愛心，都能夠應天下苦難人之需而有所發揮。

上人也告訴我們，對於訪視的個案，一定要用心地探視，視家庭情況，給予適時調整。對於孤老無依的人，也可以委請鄉親鄰里，或是鄰長、里長多注意、多關照，有急事的時候，就可以即時聯絡慈濟人。要用智慧來輔導個案。以智慧發揮愛心，除了適時地給予救濟金或是物資，也要給予心靈的輔導，即使他們所信奉的宗教不一樣，也要鼓勵他們虔誠遵循所信仰的方向，讓照顧戶們得到更好的關懷與照顧。接下來，就來看看這一段慈濟訪視的《大愛新聞》——

每個照顧戶幾乎都有著一樣的心願。若可以，我一定要回饋，也要幫助別人。也因此，在您手中的一塊錢，與他們手中的一塊錢，價值不同。

慈濟照顧戶高女士說：「那時候我要天天去醫院做放療，需要一筆車錢，大概要一萬元左右。我才跟師姊說，看你們能不能幫助我。」罹患癌症後，高女士的生活開始與醫院為伍，龐大的醫療費曾壓得她喘不過氣，直到慈濟援助，疏解經濟重擔，也替她開啟不一樣的人生觀。

高女士將錢投竹筒，說：「願我佛賜我力量，我每天的身體、體力愈來愈好，有一天我也能幫助別人。」

一塊錢的價值多大？接受慈濟幫助後，現在這一塊錢還有著高女士的心願，她說：「我現在也是慈濟的會員，今天這個錢就是要救助有困難的人。」

慈濟志工葉麗華說：「你的愛心不要間斷，你還要持續捐給你信任的團體。我們臺灣很需要這一分愛跟善的力量。」小人物發起的善能量，總是在社會角落發光，卻又如此渺小到不易被人察覺。

呂美雲：溢亭來導讀的時候，媽媽莊雪一定來；莊雪來導讀，溢亭一定是陪伴。從二〇一二年到現在，他們從臺南來，都沒有停過；媽媽是八十五歲最年長的資深導讀人，所以我要給莊雪老師加油。

這邊有一些激勵圖卡，「你要先開始才有路。」左邊這一張圖卡，我們一起念，好不好？「你不需要很特別，才能完成驚人的成就，你只需要有一個夢想，相信它，然後努力。」

毅力是我們的超能力，在慈濟裏就有很多女超人，所以加入我們的團隊，「你不需要很厲害才開始，但你需要開始才會很厲害。」

〈好回應 善效應〉

加拿大管心聆：悲智雙運傳大愛，功歸慈濟。海外慈濟人行善，功歸臺灣。因為慈濟立足臺灣，胸懷天下，我們以身為慈濟人為榮。感恩溢亭師姊精準、精闢導讀。

〈講師出擊 精彩至極〉

呂美雲：今天這一場分享，對林學習長來講，說真的太小場了。為什麼？因為他常常要分享，激勵了非常多人。可是我跟玉鸞師姊說，你們一定要來，大家念一下他們的主題是什麼？「親子教養 和樂家庭」。這個有沒有很重要？但其實是不容易的，對不對？這就是我們要去學習的典範，讓我們在做慈濟、行善的路上，一樣是和樂家庭。

我們看一下〈家和事事興〉，今天是齊國師兄以及玉鸞師姊分享。文宣的主標——從難民到企業家，就可以知道富足來自給予。他也是白手起家，然後怎麼樣去把自己的小家延伸到大愛，又如何在這個方向去影響更多的人。這一篇的文編是新竹的張蘊玉寫的，她是在江蘇昆山就開始跟我們連線，回到臺灣加入文編團隊，而美編是陳佳志師兄。我們給文編、美編熱烈的掌聲。

林齊國：小孩問我，什麼是傳家之寶？他以為是什麼寶石之類的，其實都不是，傳家之寶是把正確的觀念教導給孩子，讓全家更有向上、向善的力量。

很榮幸來跟大家分享「家和事事興」，本來應該是「家和萬事

10/26（三）2022 親子教養 和樂家庭

家和事事興

林齊國 符玉鸞｜典華幸福機構學習長 臺灣磁鐵公司總經理

家和事事興

符玉鸞師姊樸實善良，家有九位兄弟姐妹，九歲就會為父母分擔家事，對父母盡孝。她包容、善解，在臺灣結婚後，與林齊國師兄一家七口，同住在十六坪的家裡。林師兄回憶當時的情境，對太太滿懷感恩之情，無以言喻。夫妻兩人孝順父母，公益行善，始終如一，並傳承到子孫。

從難民到企業家

四十多年前，林齊國與符玉鸞從寮國，以難民身分來到臺灣，數年後，兩位皆成為成功的大企業家—典華幸福機構，與臺灣磁鐵公司。人生歸零，也在不同人生階段歸零學習。這是林齊國夫婦的人生體悟。

富足來自給予

林齊國符玉鸞菩薩道侶30多年前認識慈濟，他說慈濟的精神讓他人生的方向不偏差。當時夫妻兩人聽聞慈濟要建醫院，雖然家裡不富裕，但仍想辦法捐助百萬建院，並親身參與海外援助和義診，至今不變初心。他們認為，有給予的能力，就會覺得自己很富裕。

高雄線上讀書會 誠摯邀您來相會 傳法髓續人才 連線讀書一起來

科技接軌 力量加乘

邀您透過YouTube&慈濟@高雄的臉書連線讀書遇見正能量

▌文編／新竹張蘊玉　美編／高雄陳佳志

興」，但「萬事」還不夠，我相信如果能做到「家和」，應該每件事都能讓我們覺得順暢。

如何才能做到呢？這麼多年來，是不是做正確的選擇很重要。選擇念什麼學校？選擇念什麼科系？選擇找哪個對象做終身伴侶？當我們是難民的時候，選擇去哪個國家？是選擇去福利好的國家？還是選擇更有希望打拚出自己天下的一個地方？

我是寮國難民，論及婚嫁的年齡，還有母親、弟弟、妹妹要撫養，要選擇對象，根本不敢想。太太也是寮國難民，開始工作的時候，老闆覺得她很勤勞，想要追求她，但是她認為不應該去高攀，才把機會留給我。

選擇一定要想清楚，我們一路走來，就是理性的選擇；選擇了以後，困難還是會有，那是不是應該感性相伴？誰沒缺點，與其去挑別人的缺點，為什麼不看人家好的面向呢？太太一直說，選擇不貪，不貪睡、不貪心，我們就一定能更加順暢。

我們不斷地理性選擇、感性相伴。看看時下的年輕人，相對的，怎麼樣呢？感性的選擇，理性的宣判。只要我喜歡，有什麼不可以？但是真正相處以後呢？理性了，為什麼這樣？為什麼那樣？

我的祕書說，「理性選擇，感性相伴」這句話，他聽不懂；結婚以後，他說這句話很重要。

太太姓符，我常說我是「幸福」的先生，是不是？當然了，說出去的話，就要去落實它。一個人常常被動搖，常常講的沒有做到；如果用麥克風講了，那麼多人聽到以後，沒有做到，人家會說那個人說一套、做一套。所以，更加鞭策我們一定把說過的話去做到，因為人都有某種程度的惰性。

五十五年前，我在高雄工專念書，畢業後回去寮國；但是好景不長，一九七五年越南、柬埔寨、寮國陸續變成共產黨，我們只有選擇逃難。太太也是那時候來臺灣，在臺中商專念書；工專和商專也算門當戶對嘛！難民對難民，門當戶對才好經營。那時，太太也因為寮國淪陷，回不去了；但是很多人來到臺灣後，選擇到更先進的國家。

為什麼大家都去美國？原來美國福利好，有牛奶金、羊奶金、就業金等，什麼都有。那時候有美援，從一九五一年開始，美國人就援助全世界一百多個國家。我覺得奇怪，為什麼美國愈援助別國愈強大？

那時候，臺灣的經濟才剛要起步，這是不是我們的機會呢？心在哪裏，成就就一定會在那裏。我們一定要許個非常遠大的願望，什麼願望呢？選擇來臺灣，如果有朝一日，稍微有一點成就的時候，我們是不是可以做臺援？臺灣人可以援助全世界，您說是不是？哪裏有苦難，慈濟都會伸出援手，現在臺援比比皆是啊！我來臺灣就是學習這種精神。

太太也是這樣，她的兄弟姊妹很多，第一站來到臺灣，他們都覺得臺灣苦哈哈的，就前往第二站——法國。但我和太太想法相同，想說從零開始經營，才能更加甘甜。一路走來，我們選擇、想法都很類似，同樣從寮國來，又居住在同一個國民住宅，才會牽引在一起！

決定結婚的時候，我選擇了一個比較有紀念價值的日子——青年節。第一，希望永保年輕的心；第二，那時候三二九是有放假的，這種日子就是最好的日子。其實日子都要去經營的，我們都是難民，沒有背景，也沒有朋友，一定有很多的難關，但還是要去克服啊！

人家說，家家有本難念的經。我跟太太說，家家有本要去面對、要去念的經；你不念，不是更難嗎？所以一定要不斷、不斷地去克服。希望路要走得更順暢，一定要想辦法克服困難，而不是碰到困難就埋怨，「當初你為什麼這樣選擇？當初為什麼這樣決定？」現在事情發生了，沒辦法去責難的，唯有感性的相伴，您說是不是？

真的很巧，也真的非常有幸，那時候我認識了慈濟，慈濟正要在花蓮蓋醫院。我覺得蓋醫院很棒，心想要不要也參一腳？那時候家裏還是苦哈哈的，剛生了兩個小孩，從十六坪搬到三十坪的房子，家裏還沒有彩色電視機，也沒有冷氣機。心想，如果我要捐一百萬給慈濟，不曉得太太會不會同意？我想可能很困難，因為太太很節儉，她很少為自己買什麼東西。

結果，我回家跟太太溝通不到一分鐘，「上人說過，就像取井水一樣，愈取愈多，取之不盡；不取的話，可能還是一樣。」這麼一句話，她馬上就決定捐了。

因為這樣，我們參與慈濟、了解慈濟。我覺得宗教對男性來說，好像很難去信服，所以常常發出大家都答不出來的疑問。

有一天晚上，我睡得很沈、很熟的時候，太太突然搖我說：「欸欸，你怎麼哭了？」我那時候不是哭，是非常喜悅，喜悅夢到上人，上人告訴我：「做人要懂得縮小自己。」

所以，我們要的就是來學習，從慈濟裏面學習更多的人生道理，其他的又何必去探討？何必問那麼多呢？從那時候開始，我們就有了目標——以師父的法，作為前進的力量。從那時候開始，我們就帶著小孩在各方面去學習。

太太一直認為教育小孩非常重要，從小就教育孩子要懂得給予，不要去貪別人的東西。還記得有一次我們中獎了，就跟三個孩子商量，是不是把他們儲蓄的紅包錢，一起捐出去？三個小孩因為點點滴滴吸收了慈濟的精神，一口氣就說：「好！」我們一直以這樣的方式來跟孩子溝通。

我們走入創業之路，開始做磁鐵貿易，做了四十多年，我們選擇比較沒人走的路，經營到現在還算不錯。後來，有華僑朋友要來臺灣投資餐飲，我對餐飲是一片空白，但我認為經營企業最好的法寶就是《靜思語》，有所依據——看《靜思語》，一定都能解決。

不管內行、外行，其實許多事都是舉一反三的。師父常告訴我們，要多用心啊！用心才是專業啊！您看看慈濟很多東西，我們不一定都懂，但就是用心，所以許許多多不可能的事，是不是都變可能了？

因為有所依據、有上人的法，這四十多年來，事業雖然也經歷起起落落的過程，但還算順順暢暢。

很多人問：「什麼是百年事業？」我認為經營家庭才是真正的百年事業。我們如何一起經營家庭？後來小孩都到加拿大念書，我們每四十五天就飛去加拿大陪伴，讓他們有正確的家庭觀念。

另外，我們很重視家庭倫理，每年過年的時候，最重要的是跪拜父母親，向他們報告這一年的經過與成就；同樣的，小孩也跪拜我們。這樣一路走來，已經數十年了，年年都如此。

二〇二〇年正好孔孟學會有表揚模範祖母、模範母親和模範企業家。很幸運的，我們三位一起獲獎。

謝謝太太陪我一起經營這個四代同堂的家庭。我覺得太太是一個三百六十度的太太，接下來讓她自己說幾句話。

符玉鸞：上人不是一直說要盤點人生，回想起來，首先要感謝我的原生家庭，我有九個兄弟姊妹，來到臺灣，能有今天，真的要感謝爸爸、媽媽給我們的教養，還有來臺灣念書的時候，我也戰戰兢兢地努力讓自己能夠長見識。

沒有辦法回到寮國，留在臺灣正好認識了先生，也是適婚年齡，我們就結婚。結婚四個月，發現兩個人的薪水不夠養家，我們就討論成立公司，從租一張桌子慢慢經營到現在。

先生說我是三百六十度的太太，是指我們女人都有很多面向。我要做一個孝順媽媽的女兒，也要做一個好太太、好媳婦、好媽媽、好老闆，更希望做一個有好人緣的人。

我常想，上人說的那口井水。源源不斷地給予，應該不會少，所以我不是有所求，我是無欲望的。我只是想，家裏那麼清苦，我能做到付出、給予的那種知足，上人一直講的「慈濟四神湯」——知足、感恩、善解、包容，我就落實到家裏，慢慢地耳濡目染。目前孩子們都成了家，也希望他們要繼續傳承，教育他們的小孩。

我有六位孫子，從零歲到兩歲，等到他會互動的時候，我都教育他們要懂得分享。尤其是爺爺、奶奶、爸爸、媽媽給他東西吃的時候，我都會引導他們去分享給其他人，一直訓練，讓他們有這種習慣。

真的要感恩上人給我們的教導，我是重重地把它聽下來，放在心裏。

呂美雲：「齊國」，「齊家治國」，你果真是「幸福」的先生，真的讓我們非常的感動。家和事事興，那是我們很嚮往，但是不容易做得到。大家會以為是要有條件，才能夠去做些什麼。可是聽來，他們捐一百萬的時候，沒什麼條件……

大家可能不知道，我們每一檔大愛劇場都要開記者會，這個記者會的餐廳地點，就是他們提供的。所以我們再一次熱烈的掌聲，感恩。

真正的慈悲不是付出多少，而是付出堅持。一開始並沒有，但是在沒有的時候就發心立願；一旦發了這個好心念，就恆持到現在，這是多麼不容易！而且他們兩個完全可以在眾目睽睽之下晒恩愛耶。他感恩她，她謝謝他，這都是我們應該學習的，對不對？真的很不容易。

〈好回應 善效應〉

泰國呂錦淑：感恩符師姊、林學習長，菩薩道侶在人間，示現大富長者，行善、行孝的願力，是大家學習的典範。

呂美雲：我想問一下，你不喜歡人家叫你董事長，而是稱學習長，為什麼叫學習長？

林齊國：我回去寮國以後，非常幸運當了廠長，但是好景不長，又變成難民。選擇來臺灣，慢慢經營，當了小小的董事長；董事長以後呢？想不被淘汰，唯有不斷地學習。

期許公司是一個學習性的組織，學習性的組織，它的leader就應該叫做學習長。要虛心地學習，才能永久保持謙虛的心，這樣才能平平穩穩，所以我喜歡人家叫我學習長，我有本書就是《我叫學習長》。謝謝！

〈好回應 善效應〉

北京周蕊新：沒有都想捐，就是有心要捐，有愛捐什麼都是最好的。

花蓮張文黛：感恩齊國師兄與玉鸞師姊分享家庭幸福之道，從不斷地理性選擇，但要以感性的方式來相處。從寮國難民選擇到臺灣打拚，在年輕打拚期，兩夫妻就願意捐出大錢，令人讚歎，真的是幸福之道。

加拿大管心聆：幸福來白知足，富有來自給予。家家有本大藏經，幽默的齊國師兄，優雅的玉鸞師姊，親手譜寫的這本經，篳路藍縷，迂迴曲折，精彩絕倫。事業有成之後，亦未忘初心，回饋社會，理性選擇若正確，感性相伴定幸福。林家以善以孝傳家，言教身教並行，的確見證這句話「家和事事興」是至理名言，也是為人父母、為人子女最佳的學習典範。

內蒙古赤峰李恩莉：讚歎師姊聽上人的話，把家業照顧好再來做慈濟，家庭幸福才有動力無顧慮，哈！

呂美雲：我們一併掌聲，再次感恩齊國師兄、玉鸞師姊，以及所有陪伴的親友團，也希望大家按讚轉分享，現在臉書已經可以開通了。今天雖然臉書不給力，但是我們自己要給力，所以「我喜歡和你在一起，因為你有正能量」。

〈活絡筋骨 健康身心〉

呂美雲：接下來的時間，我們要活絡筋骨一下。以往都是進行兩個小時之後才來活絡，為什麼活動組這一群人現在就要衝出來？就是波蘭團隊前來，要給他們完整的一段時間。

劉雅萍：好，跟著我們活動組「一起動起來」！

〈好回應 善效應〉

呂美雲：滿滿的文字，但是沒辦法一一全部念完，我們已經傳到群組，現在除了臉書、YouTube直播之外，我們同步還做了一件事，就是即時PO團隊分別在一個Telegram和七個微信、十八個Line，超過九千人的高雄線上讀書會群組，一直在傳資料。你們剛才在跳的時候，我們的團隊一直在拍照，已經把資料送出去，所以我們感恩即時PO團隊、幕後的技術團隊。

〈海外家人　親臨主場〉

呂美雲：我覺得自己非常幸運，因為上人行腳到高雄，波蘭團隊全部的人在高雄跟上人分享。今天他們就從高雄靜思堂的七樓走下來，完全不用接送，也不用做什麼特別安排，請給這個好因緣熱烈的掌聲。

您在高雄的時候，是不是有看到他們和上人溫馨座談？如果沒有，也沒關係。首先來看這則大愛新聞——

來自歐洲九個國家的志工，分享在波蘭協助烏克蘭難民的過程，還帶回當地由天主教明愛會回饋的手刻天使。

德國慈濟志工陳樹微：「他們是說菩薩，不過他們的象徵是天使。」（陳樹微把手刻天使交給上人。）

在波蘭的烏克蘭人安娜希，看到家鄉戰爭，每天提心吊膽，擔心家人的安危，義不容辭地加入慈濟。

烏克蘭志工安娜希：「（烏克蘭人們）也需要我們的關懷，讓他們知道有人在關懷他們，他們不是孤獨的。」

證嚴上人說：「感動啊！其實你們在那裏，我也是天天都陪伴大家身邊，大家還是同樣一起，都要為那個地方的人祈求平安。」

前大愛臺同仁、嫁到波蘭的張淑兒和先生盧卡斯，也發揮影響力，號召親友一起當志工。

波蘭志工張淑兒：「兩百三十九天很快，我們去了十個城市，很多故事讓我們去反省，我們應該要再做得更好。」

證嚴上人說：「這樣大家用心集合起來，真的是天使中的菩薩。」戰爭無情，人間有愛，每個人發揮小小的力量，就能援助難民免於苦難，期許眾人愛的力量，能夠讓戰爭早日平息。（許文玲、蕭宏澍報導）

呂美雲：他們的故事是永遠說不完的，我跟宗翰說，給您們一小時，宗翰說：「蛤？有一小時喔？」他說能夠在這邊找出一小時是不容易的。我說你們非常多人，除了波蘭，還有來自德國、英國、荷蘭……一定要讓你們在波蘭那邊所有的感動，被全世界的人聽到。各位您在哪裏，手機要拿出來按讚轉分享，並且訂閱我們的頻道，用最快的速度傳出去，揪你的親友團來看見這一群菩薩。各位不要離開喔！為什麼？因為中間會有驚喜，他們到底怎麼去帶動，我們熱烈歡迎波蘭的團隊。

呂宗翰：事實上，我們的行程二十四日就結束了，可是因為美雲老師很積極、很誠意，所以我問大家可不可以再多留兩天，完全不要求的，願意留下來的就留下來，大部分的人居然都留下來。

呂美雲：我不曉得這個花絮，真的太感動了，謝謝你的補充。

呂宗翰：我想大家都已經知道烏俄戰爭，細節不多說，重點就是要到波蘭，要冒一點點的風險。第一個是不知道戰爭會打到哪裏，第二個是疫情風險，而且我們每個人都親身驗證了，真的有風險，因為每個人都確診了。

在這個過程當中，也看到了困難，要怎樣把費用合法送到波蘭，物資怎麼變出來，東西怎麼送過去，人力在哪裏？上人一開始就告訴我們，整個過程要非常用心、細心。

那個時候，有了第一位身先士卒的菩薩，一直說她願意去之外，這一次大大小小非常重要的、一些背後看不見的事情，她都承擔下來。她讓我非常感動的就是，只要上人的願，她都願意去成就。

她這次回來走路都已經不方便，其實在波蘭的時候就已經不舒服，她也沒有說。從一開始陪伴淑兒、陪伴當地臺灣留學生，後來陪伴當地志工，再去接引了惠如，然後還支援了斯塞新（波蘭西北城市）的很多工作。

我們團隊雖然很多人，但是今天不會講很多話，他們把時間都讓出來成就波蘭的志工、烏克蘭的志工。但是一定要讓大家看到他們每一個人，這群人間菩薩真的做了非常多的事情，過去他們沒有常常讓大家看到，因為他們都很務實、如實地做他們平常該做的工作，可是一旦災難來臨，就有像這樣的一位人間菩薩承擔起來，我們歡迎樹微師姊。

陳樹微：這次到波蘭，語言不通，對我也是一大挑戰，不過，很感恩上人和本會同仁，每天都陪伴著我們，時差七個小時，這次回來看到他們每一個人都是黑眼圈，就是被我們操出來的。

剛開始的時候，我們是到盧布林，盧布林離邊界比較近，一些有愛心的大學生，主動聯繫花蓮本會，希望能援助烏克蘭的朋友。要和這些大學生一起把上人交代的任務一一完成，當然這中間也碰到很多的困難，但是只要我們有心，只要把握上人的理念、上人給我們的方向，我們一步都不會偏差。如果他們不清楚、不明白，我們都會一一地解釋清楚、說明白。

淑兒師姊跟盧卡斯也同一個時間接觸到本會，我們也是一一陪伴，幫他們克服所有的困難。

再來就是安娜希（Anastasiia），她是盧布林明愛會的志工，因為我們時間不是很多，要發放購物券，又要幫助難民，所以我就請明愛會的志工來做慈濟的志工，他們也很認同上人的理念，一直幫我們在盧布林把上人的愛心全部發揮出來。

發放一段時間，我就想，只有這樣子嗎？波蘭這麼大，應該有更多的人間菩薩。經過一個「波婦」的介紹，不是潑婦，是波蘭婦女協會，介紹我們認識了惠如師姊。

最初要去和惠如師姊見面，想要了解她的時候，宗翰師兄就說：「五百公里，太遠了，不要啦！」但是我很心急，還是跟惠如師姊說，您們那裏有什麼好玩的，我們想要去參訪一下，她就幫我們安排了一個旅程。

我一開始不敢以慈濟的身分去認識她，我怕做不到自己的允諾。後來，見到惠如師姊和安德克師兄的時候，跟他們談了五分鐘，我就知道這是上人要的弟子，就是有散發出一種慈濟的魂魄，所以我真的很幸運，可以接引到這些年輕有為、有Power的志工。接下來，我們就請安娜希出來跟大家分享。

呂宗翰：我們歡迎安娜希，也感恩樹微師姊，她只能長話短說。

可是老實講，如果沒有她，這一次什麼事情都不會發生，嚴格講是每個地方都有樹微師姊的足跡與背後的幫忙，那一種過程，我都不知道怎麼在這裏跟大家分享。

在一個法律嚴格、過程危險，完全不認識也沒有志工的狀況下，這一位看起來有點古錐的樹微師姊，她做到了，而且做得真的只能按讚，請大家給她最熱烈的掌聲，感恩。

安娜希是烏克蘭人，卻是在波蘭讀書，畢業後開了美甲店，有五位員工在明愛會當志工，很有愛心，她的爸爸正在烏克蘭從軍。現在我們要邀請君曄師姊來為大家翻譯安娜希想分享的事情，感恩。

安娜希：你好，我是安娜希。Nice to meet you.（很高興認識大家。）I'm from Ukraine and I know what's going on in my country because my parents still stay in Ukraine.（我來自烏克蘭，我也了解烏

克蘭所發生的一切，因為我的爸爸、媽媽還住在烏克蘭。）

Unfortunately Russia hit industrial places every day, and every day people are dying and children are dying and the environment is dying also.（當時俄羅斯攻擊了烏克蘭，其實我們每天都可以看到孩子罹難，還有家園也毀了。）

And day after day, the situation is going to get worse.（現在也愈來愈嚴重了。）

My grandmother, because she can not move to a basement, is looking for a safe place. And she likes an iron bathroom to protect her.（我阿嬤因為行動不方便，所以她常常在有預警的時候，就會躲進廁所裏面，因為那裏是最安全的房間。）

And I hope everything will be okay. But now it's too hard to talk about the future of Ukraine.（我希望一切都會平安，但是現在，此時此

刻要講烏克蘭的未來，其實還是很困難的。）

My mom stays to be a volunteer now, and my dad now is a military man. They are protecting the country.（我媽媽現在是志工，我爸爸已經參加了戰爭，保衛我們的國家。）

Yesterday I phoned my parents and they said of the terrible situation. The house didn't have electricity.（我昨天跟爸媽講電話的時候，家裏已經沒有電了。）

Russians want to the Ukrainian People to live in dark and cold places in this winter.（因為俄羅斯炸了很多的發電廠，在烏克蘭沒有電，這個冬天會愈來愈冷，就是沒有電、沒有水。）

But they forgot about one thing: All Ukrainians have strong hearts, and so we believe we will win this war.（雖然烏克蘭面臨了問題，但是我相信大家都支持烏克蘭。我們也希望這些苦難的人可以得救，我們現

在也很努力，希望這個戰爭很快地結束。）

Yesterday I had a chance to talk with my parents a little bit longer.（我昨天有跟爸爸、媽媽多聊了一下。）

Yes, because before we had a plan.（因為本來我們要出去走走。）

And they asked me, "Anastasiia, can you share how things were here in Taiwan. How are you feeling? Because you are in another country, everything is different, how are you?"（爸爸、媽媽一直詢問我，欸，臺灣如何啊？這個國家看起來如何啊？你們在一個陌生的地方適應的如何？）

And I shared a lot of things about Tzu Chi and the idea of Master Cheng Yen with my parents. I told them about what Tzu Chi is doing and what Tzu Chi is going to do. And I told my parents not to worry about Tzu Chi, about Master's ideals, about what Tzu Chi did and what

Tzu Chi is doing.（我就跟爸爸、媽媽分享很多關於慈濟的事、上人的理念，還有慈濟在波蘭之前所做的、現在在做的、以後希望做的。）

I thought that everyone is so welcoming and I was so surprised, and everyone is happy, and they meet you with a smile. They are like your family. You feel like a part of this family.（感覺慈濟是一個大家庭，大家看到彼此都會微笑、打招呼，然後會很開心地跟您聊天。）

And I said to them "oh my God I am so lucky, so lucky to be here to join this family."（我告訴他們，我很幸運，可以在這個大家庭，跟大家在一起。）

After that my parents said, you know what, that they are ready to join this family, too.（爸爸、媽媽就說，他們也很希望加入慈濟這樣子的大家庭。）

And I said to them, mom, you are already my family, they are my family now. Then it means you are part of this Tzu Chi family.（我就跟爸爸、媽媽說，你是我的家人，慈濟人也是我的家人。因為我們都是家人，所以你們也是慈濟的一部分。）

One more thing. I said to them that I believe that Tzu Chi one day will go to Ukraine, too. And they will share their love and care for our people. And you will have an opportunity to join them as a volunteer of Tzu Chi.感恩。（我相信有一天烏克蘭也會有慈濟，那我爸爸、媽媽也有機會加入慈濟這個大家庭，感恩。）

呂宗翰：安娜希可不可愛？很可愛喔！她最近學了一件事情，就是「謝謝」，然後她就問說：「請問一下，比『謝謝』更厲害的怎麼講？」我們說那個叫「感恩」，所以她就學會講「感恩」，請大家也跟她說一句「感恩」。

這個「感恩」我們要送給另外一位——上人說她是女強人。上人講完了之後，就說：「不過，這個女強人是可強可軟，能文能武。」這樣的一個形容。她看起來酷酷的，其實心裏很柔軟，這種人就很適合在歐洲。我們歡迎慈璐師姊。

荷蘭鄭慈璐：剛剛都看到了我們所有的志工，不只是安娜希，其實每一位志工都好可愛。我是在四月一日進去波蘭的，前後進出了五次，因為我還要上班，不能一直留著，只能進進出出。

我在那邊就是負責場控和音控，每一場發放，我都盡量安排一個很活潑、很流暢的流程，讓烏克蘭難民來的時候，能夠暫時忘掉那些可怕、傷心的事情。

他們在這邊兩個小時，就讓他們很安靜、很寧靜，甚至很快樂地跟我們在一起，做什麼？跟我們一起歡唱，跟我們一起學手語，最重要就是跟我們一起許個好願。

每一次在發放之前，我們都會放一首歌，這首音樂榮獲今年歐洲音樂會冠軍，是烏克蘭的音樂。我要感謝來波蘭助緣的歐洲慈濟志工，其實我們都有年紀了。但是如果有事，大家不管多遙遠，從法國、英國……都是這樣搭飛機、搭火車，拎著行李一起來。

我們歐洲這一團志工有一個特性，就是默默做事情、認真做事情，我們之間很有默契，會相互成就彼此。就是因為這些特性，雖然人不多，但是也成就了這一次次的發放。

呂宗翰：哇，太棒了，這個叫「輕描淡寫一把刀」。慈璐師姊剛才雖然講短短的，但是歐洲慈濟人的合和互協，最重要是每一個人都很愛上人、很愛慈濟。他們居然在這過程當中，搭配幾位波蘭新發意菩薩、烏克蘭的難民朋友們，成就的是超過八萬人次的發放，八萬人次哦！

接下來這一位，她自己說她不是很會講話，可是你知道她參加幾場發放嗎？超過八十場。我們歡迎很可愛的慈直師姊。

奧地利游慈直：我是奧地利的游月英，上人賜我的法號是慈直，很感恩這次的機會，陪伴烏克蘭的志工朋友回來，回到我們心靈的故鄉。不只是心靈的故鄉花蓮，每一個據點都給我們滿滿的愛，真的好溫馨、好溫暖。那個愛，我都快要扛不動了。

呂宗翰：快要滿出來了，其實她給人家的愛更是多到嚇死人了。我們來看一下簡報，接下來是一連串的美食欣賞了。這是最厲害的一位分享者，她都不用講話，我只要放照片，每個人都會「哇～～」她帶去那麼多、幾百份的美食，希望能夠讓臺灣留學生以及那邊的華人嘗到家鄉味。她在奧地利還義賣，結果你義賣了多少錢？

游慈直：義賣的部分加上捐款，超過一萬歐元。

呂宗翰：一萬歐元！她這樣子辛辛苦苦做，除了便當之外，所有剛剛播放的家鄉味，都是你一個人做完的哦？

游慈直：便當是有兩位師姊幫忙。

呂宗翰：其他紅龜粿、草仔粿，種種的粿，都是你一個人做的啊？

游慈直：大部分是我自己在家做的。

呂宗翰：大部分是她一個人做的。那天，她說：「上人，我很憨慢說話。」上人說：「不過，你很會做事情。」我們給這一位不太說話，當時還確診，卻很「楗（閩南語，音讀kīng，撐的意思）」的慈直師姊，一個很大的掌聲好嗎？

接下來，邀請的這一位，就是剛剛樹微師姊講的，要去接引一位她也不認識的「波婦」，她的名字叫做陳惠如，我們歡迎她。

波蘭奧坡雷陳惠如：我就是「波婦」陳惠如，但是這個「波婦」也被慈濟慢慢地軟化。我在波蘭已經定居二十八年了，俄烏戰爭開始的時候，我跟先生用自己的力量，在我們住的城市幫助這些可憐的難民。五月三十一日，我接到一通電話，就是樹微師姊打來的。

在電話中，知道她是慈濟的志工，現在在波蘭幫忙發放。我很想為我們的城市爭取一些資源，剛好市長是鄰居，就先去拜訪市長，想說可不可以來爭取慈濟的幫助，這是我自己在心裏盤算的。

樹微師姊跟我說她要來旅遊，我先生就真的排了很多行程。很感謝樹微師姊的信任，最後我們也促成了這個因緣，慈濟來到我們的城市。

我雖然從小在臺灣長大，但是不太了解慈濟的理念。這一次透過辦這些發放活動，雖然有一些疑問，但我也願意融入裏面，然後去觀察慈濟是怎麼做到這麼好的口碑，有這麼多的人來付出。

在這個過程當中，我了解到慈濟把這些難民，從手心向上變為手心向下。剛開始，我覺得竹筒募款是很難達到的事情，因為這些難民是來尋求幫助，我們居然要跟他拿錢。可是當我深深地去體會這裏面的深意，真的感動了所有的烏克蘭鄉親。他們從剛進來時，很徬徨的眼神，走出去時，都是很有尊嚴、很喜樂的，雖然還是帶著眼淚。

在這個過程當中，也感動了很多烏克蘭的志工。他們從剛開始覺得難民有點多，想幫忙又覺得有點累，希望盡量不要將這些需要填表格的人，帶到他們面前排隊。到最後，了解慈濟的觀點，大家都搶著做。「我這裏有位置了，趕快來趕快來，請導引到我這邊來。」所以他們也改變了。

其中有一位阿嬤志工娜塔麗雅，六、七月份這幾場發放，每一場都來幫忙，然後回家就很歡喜地跟她的六歲孫子分享。結果到最後一場發放，她很謙虛、很低調地說：「來來來，你來旁邊。」然後，我就看見那一個重重的鐵撲滿。她說，這個是我孫子存了三年的零用錢，他要我今天帶來，他也要幫助人。真的是非常的感恩。

呂宗翰：在那個過程當中，她一直觀察。其實她的先生——波蘭人安德克，也觀察我們很久，最後都在慈濟的發放過程中，得到了他們的信任。除了信任之外，最重要的是惠如走向了關懷的過程。

陳惠如：我們發放的程序——愛灑、竹筒歲月，真的非常非常感人，大家都是流著眼淚離開。可是在跟他們道別的時候，我發現到這些年輕的媽媽，有帶小孩的、有家人的，他們都會抱著他們的小孩子，不管是哭還是笑，他們都有人陪伴。

我突然瞄到幾個老人，她們是自己一個人來，自己一個人離開。我們要離開的時候，很多人要跟我們道別，場面有一點擁擠。我突然想到，不行，我不能讓那老人就這樣子走掉。

我想跑過去，可是又怕嚇到她，所以我是很急促地走過去，輕輕拍著她。她轉過身來，噙著眼淚，我大力地抱下去，那個阿嬤的眼淚就潰堤了，這幾個月來的酸甜苦辣，沒有人在她的身旁抱一抱她，或是一起哭、一起笑。

我很高興我那時候做了這個舉動，我真正體驗到慈濟人所說的膚慰，很高興我也可以成為他們當下情緒的出口。我相信，即使沒有陪她走到會場的出口，這後半段的路，她雖然是哭著自己走下去，但應該是笑著哭。

呂宗翰：很美的故事對不對？那就是一個很真實的現場，惠如在這個過程裏，有把那一分心投入，她很細心地觀察、也捨不得，尤其是獨自的烏克蘭老人家。所以，那一個擁抱，在那一剎那就很重要。那個擁抱，你看到的所有反應，這一票菩薩在現場都遇過。所以，要再次給這一位已經變成慈濟人的惠如，再一個很大很大的掌聲。

剛才有提到他們在發放現場都會放一首歌，這首歌是烏克蘭語，在歐洲的音樂大賽是冠軍，對現場的難民，有很大的鼓勵作用。這一次歐洲的家人們，要來帶動大家，大家只要把手放在空中甩就可以了。發放現場的難民小朋友，他們也都是這樣在跳，很多媽媽們帶著孩子來，必須讓小朋友有個情緒的出口。

（現場跳得非常熱情）

呂宗翰：好，我們現在就讓這音樂緩緩地降下，請大家也給他們一個熱烈的掌聲，感恩。其實烏克蘭人是很熱情的，像安娜希、還有漢娜（Hanna），好像把過去這幾天的放掌和合掌，終於可以換一種方式釋放出來。

在發放過程中，我們看到了三個很可愛的小朋友，盧卡斯和淑兒的孩子，這一段時間，他們帶著孩子，找了非常多的志工，也讓所有的媽媽志工們（都是烏克蘭難民），帶著她們的孩子來賑災。

這個發放，不會不讓任何一個媽媽帶孩子來，所以在發放的現場，又是另外一個遊樂園，有難民的小朋友，有志工的小朋友，還有這兩位人間菩薩的小朋友。未來有機會再請他們唱〈愛情恰恰〉給你們聽，因為這是盧卡斯會唱的一首閩南語歌。我們現在就歡迎這兩位人間菩薩。

波蘭波茲南張淑兒：感謝惠如師姊，讓我們現在身上都熱起來了。我們其實很感恩，因為這兩百三十九天，從一開始跟紅十字會合作，發放了大概兩萬多人的物資後，才開始發放現金購物卡。我們同時間也探訪這些烏克蘭家庭，這不包含緊急安置住宿，或是臨時安排要去送物資的。大概探訪了超過一百個家庭，目前照顧的大概有七十五個家庭，每個月都會固定去拜訪他們，了解他們的生活狀況。

這中間有很多很辛苦的故事，像有一對夫妻，有十四個孩子，四個自己的，十個是領養的，很厲害、很有善心。他們那時候躲在地下室，因為很怕，小孩也會哭，每天有很多機關槍「噠噠噠噠」。

他們十四個人住在這裏，沒有水、沒有電、沒有瓦斯，那時候是二月份，還在下雪呢！他們要乘晚上沒有槍聲的時候，趕快偷偷到地面上去拿雪，等到融化之後才有水可以喝。這樣的日子其實很辛苦，一直到後來，愈來愈緊急，他們說，不逃出去，活不下去。

但是法律規定十八歲以上的男性，都要留下來保家衛國，他們有三個兒子被留下來。那時候沒有時間好好道別，就趕快先跑，跑了三天三夜才到波蘭。到了波蘭之後，運氣很好，有一個教堂收容了他們，給他們地方住，又給他們食物。才剛安頓下來，卻接到一個壞消息，她的一個兒子，才二十七歲，在戰爭中陣亡了，當媽媽的很心酸。

這兩百多天，要很感恩盧卡斯一家人。盧卡斯的父親去年十月底才剛癌症過世，他的媽媽、姊姊、弟弟、妹妹、姊夫，全家人都放下悲傷，陪我們一場場地搬貨、發放。盧卡斯自己也扭到腰、扭到腳，但慈濟讓我們一家人的關係變得更緊密，讓我們有共同的方向，不要沈浸在過去的悲傷。

套一句剛剛林齊國學習長提到一件很重要的事——教育，是我們能夠留給下一代最重要的資產。我們在探訪的過程中，也關心到了這個議題，因為在全波蘭有多少孩子沒有書念？

盧卡斯：All people from Taipei suddenly move to Kaohsiung. And ninety percent of them are women and kids. Only twenty percent of the kids have a chance to go to school in September.

呂宗翰口譯：大家可以想像整個臺北的人都搬來高雄，就是烏克蘭的難民逃到波蘭的樣子。我們在高雄可能會想盡辦法讓他們受教育，可是跑過來波蘭的這麼多難民裏，大概百分之九十都是婦女和小孩，而其中的百分之二十才有機會受教育。簡言之，大約七、八成的孩子是沒有辦法讀書的，隨便算一算都是數十萬人，所以教育將是後面很大的問題。

張淑兒：我們根據波蘭政府的調查，大概百分之三十三的難民會留下來。我們住的波茲南，有兩萬個十八歲以下的孩子，那麼會有多少人沒書可讀？至少五千人。為什麼沒書念？我們十月十日從波蘭飛臺灣，前一天還趕快去做調查，想要再多探訪幾個家庭，實地去了解狀況是怎麼樣。其中一個八歲的小孩，也是找不到學校可以讀書，必須從三年級降讀到二年級，這樣的狀況很多，我們會努力繼續做更多的功課，看能夠怎麼樣幫助他們。

呂宗翰：感恩淑兒，感恩盧卡斯，除了語言班、教育的問題，找到工作後的長期生活，還有醫療問題，這些在他們的努力中，找到了一點一滴的線索，後面還有很多的事情要做，還需要你們更大的力量。接下來要邀請的是在法國的郁惠師姊，感恩。

法國張郁惠：我們歐洲的家坐落在法國巴黎，歐洲如果有災難或是有需要助緣的，法國的慈濟家人都是支持與配合。感恩有這次的波蘭之行，讓法國的師兄、師姊們，到了波蘭能夠見苦知福，讓我們也留下非常多的愛的足跡。因為時間的關係，我簡短介紹而已，感恩大家。

呂宗翰：非常的精要重點。不過，我們看到法國的家人們也確實是如此，他們就像燕子團隊，行德師兄一說話，他們走出來都是陣容堅強，很像機長往前走，後面跟著四位空姐。

另外，有一個地方叫做斯賽新。有一位瑪格麗特是英國的慈濟會員，但她是波蘭人。她做了很多事情，很感恩英國慈濟人不斷地去支援她。其中一位，只要有事情，她就一直往前衝，什麼都做的，她叫做王素真師姊，我們歡迎她。

英國王素真：我也是這個讀書會的團隊之一。去斯賽新的這一組，很特別的有三位是讀書會的團員，我是代表團隊第一個親臨主場，很開心。另外兩位是張堯華師姊、梁欣伶師姊，都是讀書會的文編，我們同時在斯賽新陪伴瑪格麗特。

斯賽新的發放以溫馨為主，在倉庫的一個房間，最多只能放二十五張椅子，每一個難民來接受物資的時候，我們能夠擁抱他們、膚慰他們，每一場大家都是哭得唏哩嘩啦。因為真的是像一家人，所以他們非常感動。

有一次播放〈一家人〉，唱到一半，電腦沒電了，他們居然可以繼續唱，讓我們非常驚訝，也很感動，他們是唱烏克蘭語，所以小場有小場的溫馨。非常感恩大家的愛心，讓我們有機會到現場，代替在座的各位去膚慰難民，感恩。

呂宗翰：素真師姊不只是在波蘭，在英國的慈濟事，她也都沒有放著，一回去就趕快做。這次她又想辦法先回臺灣，先到精舍出坡，然後再跟著團隊，團隊結束之後，還要隨師，雖然小小個兒，可是力量很大，我們也感恩她。

呂宗翰：接下來要歡迎我們的烏克蘭專員——漢娜，她有什麼樣的故事呢？請大家給她熱烈的掌聲，感恩。

漢娜：Hi, everyone. My name is Hanna, and today I would like to speak of myself, not as a refugee from Ukraine, but rather as a volunteer helping Ukraine and people displaced by the War.（涂君曄口譯：大家好，我的名字叫漢娜，今天想要跟大家分享的，不是講我是一個難民，而是我是一個慈濟志工，在華沙如何幫助更多的難民。）

And today I would like to share with you one incredible, warm and extremely delicious thing...（我今天想要分享的，是一個很好吃、又很溫暖的一個小故事。）

We call it the dumpling club.（我們叫它餃子俱樂部。）

As we visited the homes of aid recipients, we saw a lot of people who had fled the war in Ukraine.（我們會去做很多的家訪，看到很多逃離烏克蘭的人民。）

And it became clear that elder people are the ones who need help the most.（很明顯，最需要幫助的是老人家。）

During the war and coming to the foreign country, they have faced a lot of difficulties.（戰爭期間，他們來到了異國他鄉，也遭遇到很多困難。）

They get separated from their loved ones.（他們跟家人分離了。）

They face language constraints.（他們面臨語言問題。）

Their Ukraine pensions are not enough to live in Polan.（雖然他們有拿到烏克蘭的領養金，但是不夠讓他們在波蘭生活。）

And the most horrible thing is that they live in a kind of isolation.（最恐怖的地方，就是他們會脫離這個社會。）

So there is this dumpling club to get these people together.（這個餃子俱樂部，就是把這些老人家聚集在一起。）

Give them a place to meet up and communicate.（讓他們有機會互動，然後彼此聊天。）

Give them a place where they could feel cared for and important.（讓他們覺得有被關懷、有被愛。）

In this place they can make dumplings, and 20% of the dumplings they make are donated to poor families with kids.（這個俱樂部就是讓

他們做餃子，然後將百分之二十的餃子，提供給有孩子的貧困家庭。）

And besides we will give opportunities to give and care for other people.（讓他們也有機會付出，也有機會去關懷其他人。）

So all these people are without families, and we are trying to become a kind of family for them.（因為他們現在是孤獨無靠，希望慈濟可以做他們的家人。）

For example, we have a family of a husband and a wife...（我們有一個家庭，他們是夫婦兩位。）

All their property was destroyed.（看到畫面，其實他們的家園被損毀了。）

But incredibly at that time, at the time a rocket hit their house they were hiding in their Friend's cellar.（飛彈打到他們家的時候，他們剛好躲在朋友家的地下窖。）

And when they came to Poland all they had was the Ukraine passport and they came in slippers of different colors.（他們來到波蘭的時候，只帶兩本護照，甚至他們只穿拖鞋，而且還是兩個不一樣顏色的拖鞋。）

They lost everything and, at 73 and 74, they have to start their lives here.（他們73歲、74歲，什麼都沒有了。）

But it's time they are ready and they have so much love, and we admire and love them so much.（參加餃子俱樂部以後，他們學會付出，也有很正向的感覺，我們很愛他們，也很喜歡跟他們互動。）

The lady, the first one, is Nina and this is her second time fleeding the war.（這張照片的第一位是Nina，她已經是第二次因為戰爭而逃離家園。）

The first time was in 2014.（二〇一四年的時候，她的家園也被俄羅斯占領了。）

And this time, her region became dangerous, so she came to Poland to save her life.（這一次她來到了波蘭。）

She stays with a Polish family, but she can't communicate with people with Poish.（她住在波蘭家庭裏，但是她沒辦法跟他們溝通。）

And she misses the feeling of being needed.（她很希望自己可以被需要。）

Why we choose dumplings to be a project is because dumplings first of all are national Ukraine cuisine and all people especially elderly people in Ukraine are all good at making dumplings. You just have to try.（為什麼是做餃子呢？因為那是烏克蘭的民族美食，家家戶戶的老人家都會做餃子。）

And making dumplings is kind of a childhood memory. When you come to Ukraine, Ukrainians are always making dumplings. And moms are always busy, and grandmas, have the time.（餃子永遠是阿公、阿嬤在做的事情，因為那是他們兒時的回憶，就是不管怎麼樣，去阿嬤家永遠有餃子吃。）

It's kind of an important dish in a family.（它永遠都是家庭很重要的一道菜。）

And in these dumpling clubs... They also have to have team work because everyone has his or her family recipe, and they all know how to make the best dumplings, but they have to cooperate and come to some agreement.（在這個餃子俱樂部，每一個家庭都有自己家裏的祕方，所以他們需要溝通，然後決定要怎麼去做最好吃的餃子。）

And they sell the dumplings and they distribute the money among them which is kind of significant support as well.（剩下的餃子，我們就

會拿去賣，賺來的錢就會跟老人家分，讓他們有一點微薄的收入。）

呂宗翰：我們在華沙已經租了一個辦公室，這個辦公室有七位、十位以工代賑志工，常常這樣變來變去，很多人都會再回家，漢娜現在是慈濟駐華沙辦公室專員。

在當地，她除了照顧以工代賑的志工，也讓更多的難民找到更多的方法生存下去。和波茲南一樣，目前家訪都是七、八十戶，這些都是要持續性地照顧。

餃子俱樂部只是其中一種方式，還有幫助身體殘障的孩子，另外就是跟一些醫療組織合作。慈濟跟十一個機構簽署合作的過程中，當地的靈醫會和婦女協會都給予很大的幫助。我們在全世界各地幫助的烏克蘭難民超過了二十萬人次，不是只有在波蘭。

現在請波蘭、烏克蘭、歐洲的家人們都到前面來。最後，由高薇琍師姊來跟大家分享，感恩。

呂美雲：歐洲親友團趕快站第二排，還有高雄的外語隊舉牌站最後。感恩。

呂宗翰：我們先看一下簡報，漢娜當初在逃難的時候，看到現場的擁擠，而她的孩子跟她分開那幾分鐘，是她這一輩子最害怕、最長的幾分鐘。

每個人都想要逃走，小小的火車擠那麼多的人，車子本來想要讓更多難民上車，可是聽到槍炮聲，車子就又繼續跑、繼續跑，她的孩子不知道，只是對著窗外揮揮手。

如果大家有看《今周刊》，封面的第一個故事就是她的故事，她的生日是二月二十四日，戰爭那一天。

而她到了波蘭之後，聽到車子或是一些警戒的聲音，還是會很緊張，所以這次很感恩她願意來。這麼多的志工，每一個人跟慈濟在一起，除了得到了安撫之外，聽到了需要幫助的時候，他們的愛心本來就很滿，可是透過慈濟，他們選擇了一些方法。

那麼，薇琍，九月十八日發生什麼事情，請你繼續說，感恩。

西班牙高薇琍：當天，本來已經結束所有的行程要離開了，正好臺灣發生了地震，那時候我還不知道。那些志工們在我要離開的時候，把一個信封交給我。

因為他們知道臺灣發生地震，他們把我們當成一家人，每個人都輪流地抱著我，跟我說不用擔心，他們會支持臺灣，希望透過我把這分愛帶回臺灣，帶給所有的家人。感恩大家。

呂宗翰：這分愛心，已經親手交給上人，收據也已經開出來，四千元，其實它應該要等於四千萬元、四億元……更多更多的愛。為什麼？因為他們的愛心是無限量的，在他們最需要的時候，願意把它拿出來，並說：「我曾經收到臺灣的幫助，我願意再回饋。」

現在已經有人先付出四千元，也開出了收據。可是這幾張六百元的波幣還在上人那邊，大家如果想要把它換成更多的價值，請大家繼續的支持。

呂美雲：因為我們是一家人，相依相信，彼此都感恩。因為我們是一家人，分擔分享，彼此的人生。（與波蘭團隊齊聲合唱〈一家人〉）活動組聽到這裏，應該有什麼心聲要表達？

劉雅萍：是的，我們今天都非常非常的感動，覺得波蘭團隊真的很讚。所以，我們要帶動一個口呼來感恩波蘭團隊。

我先示範一次：「波蘭團隊讚，波蘭團隊讚，波蘭團隊、波蘭團隊，讚！讚！讚！」好，一起來！「波蘭團隊讚，波蘭團隊讚，波蘭團隊、波蘭團隊，讚！讚！讚！」

呂美雲：這樣的愛一定是會有後續，今天他們沒講完的部分待續，同時我們也請歐洲的親友團揮一揮手好不好？雖然今天臉書不給力，但YouTube是直播，我們還是可以看回播。

因為時間的關係，我們真的不能再繼續下去，我們一起揮手，向上人、精舍師父以及所有現場的家人揮手，每週三請給我們按讚轉分享，同時留言。再次感恩今天的分享嘉賓們，熱烈掌聲，感恩。

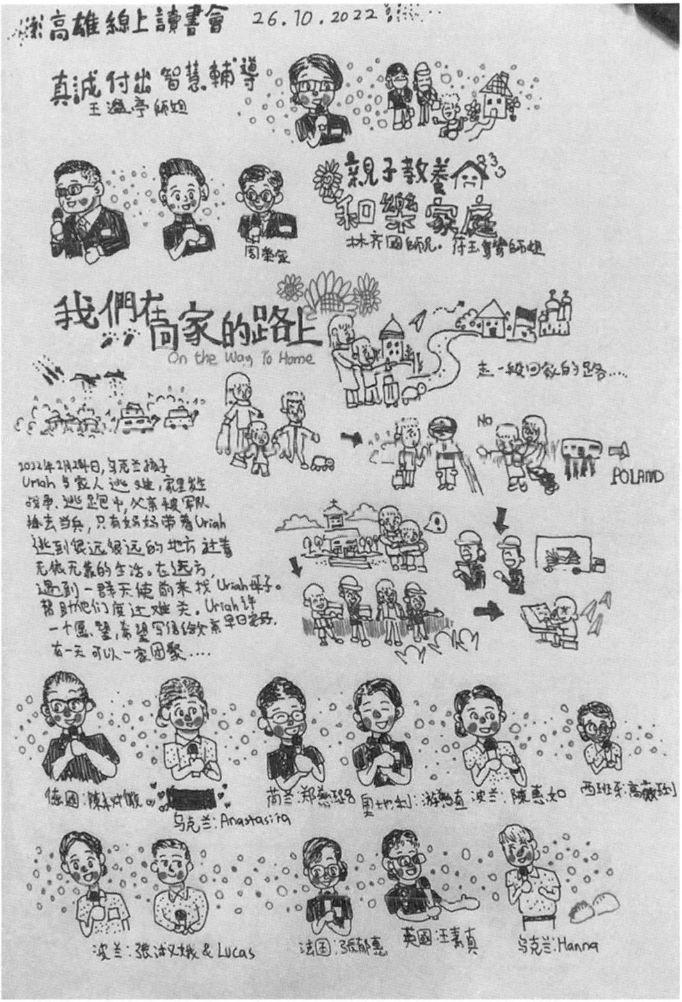
高雄線上讀書會 26.10.2022
真誠付出 智慧輔導
親子教養
和樂家庭
我們在向家的路上
On the Way To Home
走一段回家的路....
POLAND
2022年2月24日,乌克兰孩子
Uriah与家人逃难,家里发生
战争。逃跑中,父亲被军队
抓去当兵,只有妈妈带着Uriah
逃到很远很远的地方过着
无依无靠的生活。在远方,
遇到一群天使前来找Uriah母子。
帮助他们度过难关。Uriah许
一个愿望,希望写信给父亲早日安好,
有一天可以一家团聚....
[redacted]
乌克兰:Anastasiia
波兰:陳惠如
乌克兰:Hanna

▌ 繪圖/阮絲怡

後記

十年磨一劍

許愷玹

諄諄教誨領入門
時時盤點守本分
一朝宗門需傳承
法入翰墨謝師恩

高雄線上讀書會七周年時，慈濟基金會編纂處洪靜原就曾鼓勵出書。或許是因緣不具足、或是呂美雲個性謹慎，出書這件事就不了了之。當時呂美雲只隨口說：「等我們十歲的時候吧！」

二〇二一年底，慈濟基金會副總執行長林碧玉隨師到高雄，在讀書

美國營隊四合一
成就別人培育人才
團隊分享

會現場分享的主題是「無中生有」，結束後，她也曾提起出書一事，那時離讀書會九歲生日不遠了。

為什麼要出書？是要「宣傳品牌」、「證明專業」、「凸顯權威」、又或是「累積影響力」呢？這些都不是團隊最想要、最在乎的事，讀書會從來只是「老實恭讀」。

從電子書的推廣年代，到如今全球線上直播三小時，無論邀了什麼講師、增減了什麼節目，始終不變的是「好好傳、傳好法」，老實本分一起研讀證嚴法師的開示，並把佛法傳出去，以影響更多的人。

高雄線上讀書會創造的自我價值，遠遠超越出書帶來的品牌價值。

二〇二二年九月二十四日，與證嚴法師溫馨座談後，法師開示肯定高雄線上讀書會成員的真誠、精進與用功，也感恩現代科技的發達，讓全球沒有秒差，讀書會拉長情且擴大愛。

的確，讀書會在做的事情，就是透過科技傳法，將法無秒差地經由共讀而傳到全世界，全球書友也因為同心、同志願且同力量，而拉聚在一起。

但是，法師也擔憂這樣的科技，雖方便卻有可能會幻化掉，所以鼓勵要白紙黑字地寫下來，即時美編，快速地成書，把慈濟情、人間的史實，永恆地留下來。書中應該包含時間、空間、人與人之間，讓大家見證、讓後代見證——這個時代的社會，有這樣一群人，用這樣的方法，在做慈濟，讓慈濟在人間的價值一直傳下去。

一向，在法師加碼祝福時，團隊只有全力以赴，別無他想。所以，於九月二十九日便召集第一次出書線上會議，與會者有二十四人，討論書名與方向；十月一日第二次出書線上會議，與會者是前次會議中的七人，各自提出企畫；十月五日於高雄靜思書軒舉行主編群實體會議，由呂美雲與三位主編完成書的初步架構，同時也分派了任務領導與細項討論。

很快地，十月十二日於高雄靜思書軒，舉辦了一場「資深團隊回眸來時路」盛會，所有資深的書友或團隊成員都熱情地共襄盛舉，侃侃而談過往關於線上讀書會的種種，盡自己一分力量，要襄助讀書會可以順利成書。

出書的過程中，大家不斷地回憶過往與蒐集資料，體會到這也是在盤點生命，盤點高雄線上讀書會的歷程，也盤點每一位參與者的成長。有盤點才會不忘初心，有盤點才能有再進階的計畫。

高雄線上讀書會即將迎來十歲生日，人說：「十年磨一劍，今朝試鋒芒。」團隊戰戰兢兢地磨劍，小試鋒芒，攢文成書，期望將這本書當成十歲的生日禮物送給法師，以報師恩。

然而，十年磨一劍並不值得驕傲，也不會是團隊自滿的起點，而是往「百鍊成鋼」這條路上的一個拍點。

踩在這個美麗的拍點上，我們盤點整步再出發。

後記

那些點點滴滴

許愷玹

二〇二二年十月十二日週三午後，線上讀書會直播結束後，有些人直接留下來，有些人遠道而來，齊聚在高雄靜思書軒裏，一起回憶讀書會的點點滴滴，現場來了十八位元老級書友。

洪宏典：二〇一四年三月，接到美雲老師指示，開了「守護健康e點靈」單元，一個月一次，一次十分鐘，再困難也要承擔。我問要多久，老師說先試半年看看，我想可能三個月就差不多了。

回去後，腦筋沒閒下來，開始想要說什麼題目，剛好有在社區做衛教，題目以如何素食為主、素食與疾病的關係、如何養生，再加上一些

【人間菩薩】洪宏典

臨床醫療問題。

四月十六日，開始第一次分享，接著每週一次，到第十二次感覺有點壓力。三個月到了，想退場，老師不准我退場。自己覺得沒能力撐下去，就開始去找護理師、心理師來講，我負責提供衛教資料給對方。

我們四位承擔迄今，總共一百五十五集。二〇一八年改成一年兩次，二〇一九年改為人醫主題月，二〇二二年開始以「防疫」為主題，二〇二三年將會以「抗老」為主題。要用十分鐘講醫學，要讓人聽得懂、想要聽，是很不容易的，但我就是盡量做。

楊慧盈：美雲老師是金字招牌，我是抱著誠惶誠恐的心情，看到老師時，連呼吸都有困難，聽說她帶出來的人，都是非常厲害的，抱著學習的心、可能隨時被fire，若不行，就等老師叫我自動下場。

我是負責文字，在讀書會進行中一直PO訊息出去、簡單現場錄影，傳到群組分享。後來有直播，即時PO不是第一線，但還是有一個堅持的力量。自己一根小小手指，影響、帶動是無遠弗屆，一定要報真導正。

我是在慈濟搖籃中長大，老師手把手帶在身邊。因為這些好因緣，得以看到許多典範，親聞親見，視野因此更開闊。

林明玲：讀書會剛開始都是老師一個人在講，我們聽得很高興，所以來的人很多。老師說要找幾個人來接棒、接力，我們講完後，她會指導我們怎麼修正，才會講得更好，很多人都是這樣被訓練出來。

以前，我不太敢對大眾講話，人跟人講話都不太敢，何況在眾人面前。從「一分鐘吸睛」開始，後來可以「三分鐘站臺」。老師敢帶著我們這些新手出去分享，覺得她很大膽，也因為這樣，我們學習到很多。我覺得只要自己敢去承擔，身邊就會有貴人出現。

彭明珠：美雲老師是我第一個追星的對象。曾聽過她的課，喜歡她帶動的方式。那天，我是來讀書會當觀眾，結果被老師認出來，馬上邀約我加入。

曾經上臺導讀，但後來沒成為導讀團隊，因為我很容易緊張，導讀前都無法好好睡，想做幕後工作就好。

因為是工作人員，我很少因為私人事情，週三請假。做慈濟難免遇到小石頭，能量來源就是高雄線上讀書會。能承擔工作人員，很榮幸，非常感恩。

袁慧芩：練習導讀時，晚上幾乎都不能睡，一直錄音、一直背，背得滾瓜爛熟，結果講得都不一樣。老師覺得我們需要被培養，有一個一分鐘分享的單元，玩起來都沒壓力，後來三分鐘，還是傻傻說好。後來，又負責文書影片回顧，也說好。

很多事情，你想不到；很多事情，是在意料之外。導讀、文書、視聽、活動、編劇，只要你願意，在高雄線上讀書會都可以學得到。

羅秀純：老師退休後，我就來幫忙，負責報到工作。要進來前先報到，可以認識不同的人。李春蘭師姊當時在培訓，就一起做，後來她搬家到臺南，還是週週來讀書會；我因為身體微恙，就找蘇碧雲來幫忙，盡量找社區志工。他們週週來幫忙報到，也留下來聽分享。有新人、要接引人，就會想到來讀書會。讀書會對我來說，是培養新人很好的地方。

林美含：老師只要看到你經常出現在讀書會，就會派功課給你，當時幫忙引導入座。從前面開始引導，早期要存USB資料，還要教電子書如何操作，現場滿滿都是人。

之後，老師問可否帶電腦，幫忙複製資料給大家，把當天導讀、簡報資料複製，讓大家可以帶回社區運用。我第一次打退堂鼓，電腦不太會，該存的資料都沒存到，怕耽誤大家。老師回說，為什麼要這麼想。於是，我就留下來。

五年前罹患乳癌一期，兩個月沒來。開刀前一天，收到老師的祝福，團隊關心的Line也沒有間斷，我很感動。

生病，更不要封閉自己的心。傷口復原一、兩個月後，我回來繼續參加讀書會，老師看到我走進來的時候，立馬抱著我，讓我有一種回家的感覺。

丁雪玉：有次來書軒請購東西，一進一出遇到老師，並叫出我的名字，當下覺得這個老師不一樣。後來週三就來參加讀書會，二〇一五年初加入導讀團隊。當下害怕，運做簡報也不會，進入慈濟時，超過五十歲，開始學用電腦，第一次導讀上臺，都還不知道什麼是影音超連結，是貽翔師姊幫我的。

後來跟人學習怎麼做簡報、剪輯影音，做成十分鐘的導讀簡報，也開始在社區承擔導讀，二〇一六年承擔精進日司儀，二〇一七年把《衲履足跡》導讀用在外語隊共修，用英語讀《衲履足跡》。

高雄線上讀書會，從不會學到會，可以勇敢去闖，可以在幾分鐘內分享想要分享的事情。

李瓊琦：幸好美雲老師很勤勞，早期將文稿配合照片做成簡報，一年四十幾週，檔案都有記錄下來。當時做這個動作，真的做對了！

我承擔的工作是把照片存下來，每週三即時上傳，有事的話相互協調、有人可以替代，老師不會把一個人用盡，開水煮到後面就乾了。

一個團體可以永續經營下去，老師不斷推陳出新，功不可沒，新的單元、新的人一直進來。

呂美雲：如果沒有要出書的話，還真沒有機會把讀書會的元老們，請過來共聚一堂。聽著大家分享那麼多從以前到現在的事情，心裏是很激動、很感動的，那是我們一起走過的路，有歡笑也有淚水，更多的是彼此感恩。

編後語

一起書寫這一頁

謹以此書獻予喜愛高雄線上讀書會的您們。

一本書從定調、架構、採訪、資料蒐集、撰稿、校稿、完稿、美編到付梓，需要的不僅僅是主編群而已，是有很多人鼎力相助與成全，背後人人是英雄。

此書能成，首先感恩家師（證嚴法師）對我們的祝福與期待，使我們有動力也有勇氣嘗試。從首次出書會議的二十四人、第二次會議的七人，到第三次會議後被美雲老師邀入三人主編小組，我們的內心是戰戰兢兢的。

能被賦予責任，是我們的光榮，但也是壓力的開始，畢竟我們是沒有經驗的新手。但美雲老師總說：「你不需要很厲害才開始，你要開始才會變得很厲害！」於是，我們就開始了。

參與首次會議的大部分人，以及美雲老師陸續邀約的寫手，後來都投入了撰稿行列，雖然中途因為書的架構改變，而無法直接使用大家撰寫的文稿，但這些稿件卻成了我們主編群按新架構全面改寫的最大資料庫，建立我們對高雄線上讀書會十年來的點點滴滴，有完整的概念與立體圖感。無法將大家的名字，在目錄頁按章分篇地寫上，是我們很大的遺憾，將大家的名字按筆畫列在版權頁上，是我們對大家致上的敬意，把您們努力過的足跡留下。

自動請纓幫忙校對的馬來西亞任海文師兄，是有出書經驗的作家，主編群也因為海文師兄逐稿校對而學習良多，明白了許多文字使用上需注意的事項，幫我們著實上了一堂作文課。

美編林蕙榆不只有編書的經驗，還有非常專業的能力與眼光，使本書在美編方面有堅強的後盾可以依靠，使我們如願擁有屬於高雄線上讀書會特有文化內涵的美編設計。

照片選集小組、逐字稿聽打小組、資料蒐集人員、受訪人員，以及許多一路上無私提供協助的夥伴，都是與我們一起寫下高雄線上讀書會這一頁歷史的英雄。

美雲老師，當然是高雄線上讀書會的靈魂人物，也是寫書團隊的「首腦」，看似未動筆，卻承擔了一切。無論誰有問題就「舉手」，老師就會立刻解決我們這些學生的問題；找資源、聯絡各方、受訪、校對時間與事件等，連安撫與開導大家的心情，都要一併承擔。感恩美雲老師從不放棄學生，讓我們在成書的過程中，安心衝刺與成長。

最後，我們要感恩自己，我們「勇於承擔、齊心協力」，無論事情再多、趕稿再忙，或是遇到一件又一件的難事，我們始終手拉手、心連心地彼此打氣、相互補位，絕不輕言放棄。

中途遇到高雄入經藏演譯，進度幾乎停擺，所有相關人員都去排練，訊息也差不多都已讀、沒空回；接著，又遇上農曆新年，臺灣好媳婦主編群個個忙到擠不出時間，只能挑燈夜戰；還未數上一路以來，大家輪流確診的事呢。

此書詳實記錄高雄線上讀書會一路走來的歷史足跡，時間、地點、事件與人名皆反覆考證，希望完成家師對高雄線上讀書會的期望、使其留史；書中記載相關感人故事與心得，皆有人證、物證，是這本書豐富的香味與氣味。如有不盡之處，萬望包涵與不吝指教。

出書主編群／呂錦淑、許愷玹、楊慧盈

二〇二三年二月

國家圖書館出版品預行編目(CIP)資料

閱上雲端：從高雄到全球的線上讀書會
慈濟高雄線上讀書會編輯群彙編－初版
臺北市：經典雜誌，財團法人慈濟傳播人文志
業基金會，2023.03
304 面；15×21 公分
ISBN 978-626-7205-39-6(平裝)
1. 讀書會
528.18　　　　112002267

閱上雲端——從高雄到全球的線上讀書會

本書志工團隊

顧　　問／呂美雲　　總　編　輯／許愷玹
單元主編／呂錦淑、許愷玹、楊慧盈　　美　　編／林蕙榆
文稿提供／丁雪玉、孔秀蓮、王　丹、王　惠、王溢亭、池爾杰、呂錦淑、李玉如、李恩莉、林秀女、林季慧、施燕芬、徐小茗、張文黛、張貽翔、張錦惠、張蘊玉、許愷玹、郭亮君、陳淑滿、陳靜慧、彭秋玉、隋　晶、黃芳文、黃貞宜、楊慧盈、蔡淑娟、蔡麗娜、盧靜慧
蒐集資料與
錄音謄打／林俞如、張文黛、張貽翔、張蘊玉、陳怡君、彭秋玉、黃貞宜、鄧如玉
攝　　影／李瓊琦、周幸弘、周惠敏、梁永志、郭瓔慧、黃雪芳、蔡緗羚
中文校對／任海文　　英文校對／湯耀洋

創 辦 人／釋證嚴　　發 行 人／王端正
合心精進長／姚仁祿　　傳 播 長／王志宏
圖書出版部首席／蔡文村　　視覺創作部首席／邱宇陞
主　　編／陳玫君

出 版 者／經典雜誌
慈濟傳播人文志業基金會
112019臺北市北投區立德路2號
編輯部電話／02-28989000分機2065
客服專線／02-28989991　　客服傳真／02-28989993
劃撥帳號／19924552　　戶名／經典雜誌
印　　製／新豪華製版印刷股份有限公司
經 銷 商／聯合發行股份有限公司
231028 新北市新店區寶橋路235巷6弄6號2樓
02-29178022
出版日期／2023年3月初版
定　　價／新臺幣340元